O Homem Delinquente

Dados Internacionais de Catalogação na Publicação (CIP)
(Câmara Brasileira do Livro, SP, Brasil)

Lombroso, Cesare, 1885-1909.
O homem delinqüente / Cesare Lombroso ;
tradução Sebastião José Roque. — São Paulo :
Ícone, 2016. — (Coleção fundamentos de direito)

Título original: Uomo delinquente.
ISBN 978-85-274-0928-5

1. Antropologia criminal 2. Crimes e criminosos
3. Criminologia 4. Direito - Filosofia I. Título.
II. Série.

07-1258   CDU-343.91

Índices para catálogo sistemático:
1. Delinqüentes : Antropologia criminal :
   Direito penal   343.91

Cesare Lombroso

O Homem Delinquente

Tradução e Seleção:
Sebastião José Roque
Advogado e Assessor Jurídico Empresarial
Professor da Universidade São Francisco,
"campi" de São Paulo e Bragança Paulista
Presidente da Associação Brasileira de Arbitragem – ABAR
Autor de 26 obras jurídicas
Árbitro e Mediador

3ª reimpressão - 2016

© Copyright 2016.
Ícone Editora Ltda.

Título Original
L'Uomo Delinquente

Tradução
Sebastião José Roque

Capa e Diagramação
Andréa Magalhães da Silva

Revisão
Rosa Maria Cury Cardoso

Proibida a reprodução total ou parcial desta obra, de qualquer forma ou meio eletrônico, mecânico, inclusive através de processos xerográficos, sem permissão expressa do editor
(Lei nº 9.610/98).

Todos os direitos reservados pela
ÍCONE EDITORA LTDA.
Rua Javaés, 589 – Bom Retiro
CEP 01130-010 – São Paulo – SP
Fone/Fax.: (11) 3392-7771
www.iconeeditora.com.br
e-mail: iconevendas@iconeeditora.com.br

Vida e Obra de Cesare Lombroso

1. Biografia de Cesare Lombroso – 2. Obras – 3. A Escola Positiva do Direito Penal – 4. Idéias sucessoras às de Lombroso 5. Superação da Medicina Legal lombrosiana

1. Biografia de Cesare Lombroso

Cesare Lombroso nasceu na cidade de Verona, bem conhecida como a terra de Romeu e Julieta, em 1835. Quis estudar medicina, matriculando-se na Universidade de Pavia, laureando-se em 1858, aos 23 anos. Profissionalmente, foi médico, e intelectualmente um filósofo.

Começou o exercício da medicina imediatamente ao ser laureado médico, especializando-se mais na psiquiatria. Ao ser nomeado diretor do manicômio na cidade de Pesaro, iniciou sua ligação com os doentes mentais, a quem dedicou grande parte de seus estudos e sua vida. Importante foi sua vivência psiquiátrica, ao relacionar a demência com delinqüência. Suas experiências nessa área forneceram a ele as bases para a produção de sua obra *Gênio e Loucura*, publicada em 1870.

Cedo também passou a ser médico da penitenciária de Turim e de outras cidades; foi nomeado médico militar, o que justifica seu vínculo intelectual com os delinqüentes e os militares, mormente os marinheiros. Grande parte de suas pesquisas contou com a participação de marinheiros.

Aos 30 anos assume a cátedra na Faculdade de Medicina de Turim, que só deixou no final de sua vida.

2. Obras

- 1874 –Gênio e loucura
- 1876 –O homem delinqüente
- 1891 –O delito
- 1891 –O anti-semitismo e as ciências modernas
- 1893 –A mulher delinqüente, a prostituta e a mulher normal
- 1893 –As mais recentes descobertas e aplicações da psiquiatria e antropologia criminal
- 1894 – Os anarquistas
- 1894 – O crime, causas e remédios

3. A Escola Positiva do Direito Penal

Lombroso não foi só criador da Antropologia Criminal, mas suas idéias revolucionárias deram nascimento a várias iniciativas, como o Museu Psiquiátrico de Direito Penal, em Turim. Deu nascimento também à Escola Positiva de Direito Penal, movimento de idéias no Direito Penal, constando da forma positiva de interpretação, baseada em fatos e investigações científicos, demonstrando inspiração do positivismo de Augusto Comte. Mais precisamente, a escola de Lombroso é a do positivismo evolucionista, inspirada por Darwin, de quem Lombroso fala constantemente. A Escola Positiva do Direito Penal surgiu com a vida de Lombroso, no século XIX.

Um apego positivo aos fatos, por exemplo, é o estudo dedicado às tatuagens, com base nas quais Lombroso fez classificação dos diversos tipos de criminosos. Dedicou exaustivos estudos a essa questão, investigando centenas de casos e louvando-se nos estudos sobre as tatuagens, desenvolvidos por vários cientistas, como Lacassagne, Tardieu, de Paoli, e até mesmo os da antiga Roma. Fato constatado e positivo é que os dementes, em grande parte, demonstram tendência à tatuagem, a par de outras tendências estabelecidas, como a insensibilidade à dor, o cinismo, a vaidade, falta de senso moral, preguiça, caráter impulsivo.

Outro apego científico, para justificar suas teorias, foi a pesquisa constante na medicina legal, dos caracteres físicos e fisiológicos, como o tamanho da mandíbula, a conformação do cérebro, a estrutura óssea e a hereditariedade biológica, referida como atavismo. O criminoso é geneticamente determinado para o mal, por razões congênitas. Ele traz no seu âmago a reminiscência de comportamento adquirido na sua evolução psicofisiológica. É uma tendência inata para o crime.

Pelas idéias de Lombroso, e é o ponto muito criticado de sua teoria, o criminoso não é totalmente vítima das circunstâncias sociais e educacionais desfavoráveis, mas sofre pela tendência atávica, hereditária para o mal. Enfim, o delinqüente é doente; a delinqüência é uma doença.

A reação desfavorável à teoria lombrosiana baseia-se na consideração de que ele despreza o livre-arbítrio e não deve o criminoso ser responsabilizado, uma vez que ele não tem forças para lutar contra seus ímpetos. Essa idéia seria a forma de defesa dos advogados criminalistas. Todavia, Lombroso não era defensor dos criminosos; o criminoso de ocasião deveria ser segregado da sociedade, por ser perigo constante para ela. Ele não fala em pena de morte, mas se mostra favorável a ela e à prisão perpétua.

Num opúsculo publicado em 1893, denominado *As mais recentes descobertas e aplicações da psiquiatria e antropologia criminal*, Lombroso expressa o seguinte pensamento:

> "Na realidade, para os delinqüentes-natos adultos não há muitos remédios; é necessário isolá-los para sempre, nos casos incorrigíveis, e suprimi-los quando a incorrigibilidade os torna demasiado perigosos".

Apesar da crueza e a dureza de seu pensamento, Lombroso procura ser brando com as palavras, mas o trecho acima exposto nos faz entender que a única solução é a morte ou, quando muito, a prisão perpétua.

Todavia, vamos repetir que Lombroso não considera desculpável o comportamento delituoso, causado por tendências hereditárias. Não apenas os traços físicos e certas formas biológicas levam o ser humano ao crime. Outras causas existem e estas podem mascarar ou anular as tendências malévolas de certos indivíduos. Não se justifica a renúncia à luta, por parte do delinqüente e dos que estejam a sua volta, contra os fatores congênitos ou inatos que o inclinam para a vida delituosa.

Os fatores extras são muito variados: o clima, o grau de cultura e civilização, a densidade de população, o alcoolismo, a situação econômica, a religião. A consideração dada a esses fatores torna pétreo um Código Penal para um vasto país, pois em cada região predominam fatores muito diferentes.

Mais de um século depois, parece que as idéias de Lombroso ganham corpo, pelo menos no Brasil atual.

4. Idéias sucessoras às de Lombroso

É patente a influência de Lombroso sobre seus posteriores, nas áreas do Direito Penal, da Criminologia e da Medicina Legal. É principalmente na Antropologia Criminal, ciência da qual ele foi o fundador, com a colaboração ainda em vida de Ferri e Garofalo, que Lombroso assume papel de maior relevância. Íntima sucessora dele foi sua filha, Gina Lombroso Ferrero, biógrafa e colaboradora, responsável pela divulgação inicial de suas idéias. Aliás, Gina colaborou com o pai em várias obras.

Outra filha de Lombroso, Paola, notabilizou-se na pedagogia e na psicologia infantil, escrevendo numerosas histórias infantis e criando a psicologia infantil, com nítida influência de seu ilustre pai. O marido de Paola, notável criminalista Mário Carrara, escreveu várias obras de Direito Penal e Criminologia. Carrara foi ainda o diretor do Museu de Psiquiatria e Criminologia, criado por Lombroso em 1898. Lombroso teve cinco filhos, mas só Gina e Paola adquiriram fama. Gina por sua vez foi casada com o historiador Guilherme Ferrero, grande divulgador da teoria lombrosiana.

Infelizmente, a família de Lombroso sofreu perseguições por ser de origem israelita, sendo obrigada a refugiar-se na Suíça, o que veio a truncar o trabalho de divulgação das obras do mestre. A princípio, a Itália fascista não tinha conotação anti-semita, mas o tratado com a Alemanha nazista fez o país acompanhar a perseguição aos judeus; embora Lombroso já fosse falecido, sua família sofreu as conseqüências da origem.

Os sucessores mais importantes de Lombroso e participantes do trabalho e dos estudos do grande mestre, foram Garofalo e Ferri. Raffaelle Garofalo (1851-1920) foi com Lombroso e Ferri fundador da Escola Positivista do Direito Penal e da Criminologia; ele considerava esta como o conjunto de conhecimentos referentes ao crime e ao criminoso. Seus estudos previram a formação da Psicologia Criminal.

Por outro lado, Enrico Ferri (1856-1929), professor da Universidade de Turim, era advogado criminalista e pendeu mais para o aspecto sociológico; é o que atesta sua mais importante obra: *Sociologia Criminal*, publicada em 1892. Fez parte da comissão elaboradora do Código Penal italiano, mas o projeto dessa comissão foi substituído por outro. Ferri formou com Garofalo, Ferrero, Carrara, Gina e Paola, os grandes vultos da Escola Positiva do Direito Penal, mas esta escola teve poucos seguidores, uma vez que as idéias da Medicina Legal evoluíram para outra direção.

5. Superação da Medicina Legal Lombrosiana

Os modernos cultores da Medicina Legal consideram fracas as teorias lombrosianas. As pesquisas nos crânios e esqueletos não chegam a formar segura conclusão sobre as correlações da ossatura com o comportamento psicológico. Os fatos são insuficientes para autorizar a tendência hereditária (atávica) de um ser humano para a vida criminal, causada pela conformação física.

As pesquisas de Lombroso ocorreram por volta de 150 anos atrás, quando não havia recursos suficientes para os exames, como por exemplo, o DNA. Lombroso não pôde contar com dados mais seguros e científicos em que pudesse se basear.

Alguns de seus críticos se apegam até mesmo na literatura, como a história dos irmãos corsos: eram xifópagos e do mesmo sangue; nasceram ligados e foram separados. Todavia, viveram em ambientes diferentes e cada um formou seu tipo de personalidade. Portanto, pode o criminoso nascer com certos caracteres degenerados, mas poderá modificar-se por seu esforço e pelo tipo de educação que receber. O ser humano é, portanto, fruto do meio em que vive e se desenvolve. Ele pode nascer doente, mas a doença pode ter cura, o que, aliás, Lombroso nunca negou.

Segundo os criminalistas, o autor de um crime deveria ser então encaminhado a um médico e não a um juiz. Outros afirmam que muitos criminosos se recuperam e outros entraram na vida criminal em fase adiantada de sua vida, tendo revelado anteriormente vida normal. Poderíamos estar generalizando alguns fatos isolados. É a razão pela qual a Escola Positiva do Direito Penal teve curta duração, e sua revivescência, muitos anos mais tarde, mudou os critérios adotados, a princípio, por Lombroso.

Todavia, o mundo todo reverenciou a figura de Lombroso, como a cidade de São Paulo, que deu o nome de "Professor César Lombroso" a uma rua no bairro do Bom Retiro.

Entretanto, são incontáveis os méritos de Lombroso, segundo reconhecem os próprios críticos. Estudou apaixonadamente, mas com seriedade e dedicação, durante anos e sem esmorecimento, o crime e suas causas, bem como a figura do criminoso. Muitas de suas conclusões tornaram-se relevantes e úteis ao direito. É marcante seu empenho à procura das causas do crime e seus remédios; procurou ainda conhecer o criminoso e suas diferenças do ser humano comum e normal.

É conveniente ainda ressaltar que não apenas os fatores atávicos, hereditários, influenciaram a tendência para o crime. O meio ambiente, a educação, o clima e vários outros fatores foram analisados e invocados por Lombroso. O livre-arbítrio não foi colocado à margem. Há pois um complexo de fatores influenciando a formação do delinqüente.

Um fato, porém, foi confirmado pela psicologia moderna e por muitas teorias médicas e psicológicas: há correlação entre o físico e o psíquico, ou seja, a conformação física provoca caracteres psicológicos e psiquiátricos, e vice-versa. Por outro lado, os sucessores de Lombroso defenderam a teoria de que fatores psicológicos influenciam a formação fisiológica e os caracteres físicos. Por exemplo, a vida criminal acaba na formação de caracteres físicos, de tal forma que o criminoso pode trazer na face os traços reveladores de sua vida facinorosa. Da mesma forma como estados de angústia, inveja, inconformismo, revolta, vingança, ódio, desavenças na família, no trabalho e demais ambientes em que vive o ser humano, podem causar transtornos na sua fisiologia, como diabete, úlceras, desacertos de pressão, hipertensão arterial, aumento da taxa de colesterol e outros fatores patológicos.

Índice

1. OS DELITOS E OS ORGANISMOS INFERIORES, 21
   1. As aparências do delito nas plantas e nos animais, 21
   2. O delito no mundo zoológico, 23
   3. Morte para o uso das fêmeas, 24
   4. Morte por defesa, 25
   5. Morte por cobiça, 25
   6. Mortes belicosas, 26
   7. Canibalismo simples, 26
   8. Canibalismo com infanticídio e parricídio, 26

2. TATUAGENS NOS DELINQÜENTES, 29
   1. Colaboradores, 29
   2. Criminosos, 32
   3. Obscenidade, 33
   4. Multiplicidade, 34
   5. Precocidade, 36
   6. Associação. Identidade, 36
   7. Causas: Religião – Imitação – Espírito de vingança – Ociosidade – Vaidade – Espírito gregário – Paixão – Pichação – Paixões eróticas – Atavismo, 37

    8. Tatuagem nos dementes, 44
    9. Traumas, 45

3. SOBRE A SENSIBILIDADE GERAL, 47
    1. Analgesia, 47
    2. Sensibilidade geral, 48
    3. Algometria, 48
    4. Sensibilidade táctil, 49
    5. Visão, 49
    6. Acuidade visual, 50
    7. Sensibilidade magnética, 50
    8. Sensibilidade meteórica, 50
    9. Dinamometria, 51
    10. Canhotismo, 51
    11. Anomalias da mobilidade, 52

4. SOBRE A SENSIBILIDADE AFETIVA, 53
    1. Ausência dela (Lacenaire e Martinati), 53
    2. Troppmann e Boutellier: Indiferença à própria morte, 54
    3. Os criminosos diante da execução, 56
    4. Conclusão, 58

5. A DEMÊNCIA MORAL E OS DELITOS ENTRE AS CRIANÇAS, 59
    1. Cólera, 59
    2. Vingança, 61
    3. Ciúmes, 61
    4. Mentiras, 62
    5. Senso moral, 64
    6. Afeto, 65
    7. Crueldade, 66
    8. Preguiça e ócio, 67
    9. Gíria, 68

    10. Vaidade, 68
    11. Alcoolismo e jogo, 69
    12. Tendências obscenas, 70
    13. Imitações, 70
    14. Desenvolvimento da demência moral, 71

6. CASUÍSTICA (de delitos nos meninos), 73

7. SANÇÕES E MEIOS PREVENTIVOS DO CRIME DOS MENINOS, 85

8. DAS PENAS, 87
    1. Os primórdios das penas, 87
    2. Vingança privada, 88
    3. Vingança religiosa e jurídica, 89
    4. Prepotência dos chefes. Delitos contra as propriedades, 89
    5. Transformação da pena. Duelo, 91
    6. Castigo. Restituição, 93
    7. Outras causas da compensação, 93
    8. Posses patrimoniais, 94
    9. Chefes, 95
    10. Religião, 95
    11. Seitas, 96
    12. Antropofagia jurídica, 97
    13. Conclusão, 97

9. SUICÍDIO DOS DELINQÜENTES, 99
    1. Freqüência. Temperatura, 99
    2. Prisão. Época da detenção dos delinqüentes, 100
    3. Imprevidência e impaciência, 101
    4. Relações com a tendência ao crime, 103
    5. Antagonismo, 104

6. Suicídio indireto e misto, 105
7. Suicídio por superstição, 105
8. Suicídio simulado, 106
9. Suicídio duplo, 107
10. Suicídio nos dementes criminosos, 108

10. AFETOS E PAIXÕES NOS DELINQÜENTES, 111
1. Afetos, 111
2. Instabilidade, 113
3. Vaidade, 113
4. Vaidade do delito, 114
5. Vingança, 115
6. Crueldade, 116
7. Vinho e jogo, 118
8. Outras tendências, 121
9. Comparação com os dementes, 124
10. Comparação com os selvagens, 125

11. A RELIGIÂO DO DELINQÜENTE, 127

12. INTELIGÊNCIA E INSTRUÇÃO DOS DELINQÜENTES, 133
1. Dados estatísticos, 133
2. Preguiça, 135
3. Inconstância mental, 136
4. Imprevidência, 136
5. Especialistas do delito, 138
6. Envenenadores, 140
7. Pederastas, 140
8. Estupradores, 141
9. Ladrões, 141
10. Estelionatários, 142

11. Assassinos, 142
12. Ociosos e vagabundos, 143
13. Delinqüentes geniais, 144
14. Delinqüentes científicos, 148
15. Comparação com a inteligência dos dementes, 150

13. REINCIDÊNCIA PRÓPRIA E IMPRÓPRIA. MORAL DOS DELINQÜENTES, 153
    1. Estatísticas italiana, russa e francesa das reincidências, 153
    2. Reincidência e sistemas prisionais. Crimes nas prisões, 154
    3. Reincidência e instrução, 156
    4. Reincidência imprópria: Reincidência segundo os vários crimes – Reincidentes jovens – Provérbios populares – Senso moral, 156
    5. Remorsos, 160
    6. Não sentem, ainda quando compreendem o mal. Idéia da justiça freqüentemente certa, 163
    7. Injustiça recíproca, 167
    8. Comparação com os dementes, 169
    9. Comparação com os selvagens, 170
    10. Origem provável da justiça, 171

14. JARGÃO (GÍRIA), 173
    1. Atributos substitutos, 173
    2. Documentos históricos, 174
    3. Desfiguração de palavras, 174
    4. Palavras estrangeiras, 175
    5. Arcaismos, 175
    6. Caracteres e índole das gírias, 175
    7. Difusão, 176
    8. Gênesis do jargão, 177
    9. Gíria em sociedades, 177
    10. Caracteres: extravagâncias, 178

11. Causa: contato, 179
12. Causa: tradição, 179
13. Causa: atavismo, 180
14. Causa: prostitutas, 181
15. Dementes, 182

15. ASSOCIAÇÃO PARA O MAL, 185
   1. Banditismo, máfia e camorra, 185
   2. Sexo, idade, condição, 186
   3. Organização, 186
   4. Camorra, 187
   5. Máfia, 188
   6. Código dos criminosos, 190

16. DEMENTES MORAIS E DELINQÜENTES NATOS, 193
   1. Justas hesitações, 193
   2. Estatísticas dos dementes morais, 195
   3. Peso, 196
   4. Crânio, 196
   5. Fisionomia, 197
   6. Insensibilidade à dor, 198
   7. Tato, 199
   8. Tatuagem, 199
   9. Reação etílica, 199
   10. Agilidade, 200
   11. Sexualidade, 200
   12. Senso moral, 200
   13. Afetividade, 203
   14. Altruísmo, 203
   15. Vaidade excessiva, 204
   16. Inteligência, 204
   17. Astúcia, 206
   18. Preguiça, 206

19. Atividade doentia, 207
20. Pretensões de diferenças, 207
21. Premeditação, 208
22. Espírito de associação, 209
23. Vaidade do delito, 210
24. Simulação, 211
25. Sintomatologia da demência moral nas outras, 211
26. Histologia patológica da demência moral, 211
27. A hereditariedade da demência moral, 212

17. FORÇA IRRESISTÍVEL NO ÍNTIMO DOS DELINQÜENTES MORAIS, 217
    1. Força irresistível, 217
    2. Força irresistível dos criminosos. Confissões, 220
    3. Outros exemplos de criminosos, 220
    4. Livre arbítrio, 223

1. Os Delitos e os Organismos Inferiores

1. As aparências do delito nas plantas e nos animais
2. O delito no mundo zoológico – 3. Morte para o uso das fêmeas – 4. Morte por defesa – 5. Morte por cobiça
6. Mortes belicosas – 7. Canibalismo simples
8. Canibalismo com infanticídio e parricídio

1. As aparências do delito nas plantas e nos animais

Após ter Espines aplicado o estudo da zoologia às ciências sociológicas e Agnetti às econômicas e Houglan às psicológicas, era natural que a nova escola penal, que tanto se serve dos modernos estudos sobre a evolução, procurasse aplicação deles à antropologia criminal, e tentasse, antes, fazer deles o primeiro fundamento. Realmente, à minha primeira tentativa a este propósito segue-se logo outra de Lacassagne e um estudo, que, se poderia dizer, quase completo, de Ferri.

A tarefa parece bem simples; dir-se-ia antes, dar um olhar superficial aos fenômenos naturais com apenas os míopes critérios humanos, para se ver como os atos reputados, por nós, como mais criminosos, sejam os mais naturais. São tão difusos e freqüentes nas espécies animais e até nas plantas, levando-nos como bem disse Renan "a natureza o exemplo da mais implacável insensibilidade e da maior imoralidade".

Quem não conhece as belas observações que, depois de Darwin, Drude, Kolm, Ries e Will, fizeram sobre as plantas insetívoras, em não menos do que onze espécies de *droseráceas*, quatro de *saracênias*, cinco de *nepentáceas*, onze de *ultricolárias*, além do *Cephalotus follicularis*, que cometem verdadeiros assassinatos entre os insetos. Quando, por exemplo, um inseto, por menor que seja, até mesmo mais leve do que 1,24 milésimo de grama fica sobre o disco folhar de uma *drosácea* e parece que nem sempre isso acontece por acaso, mas o atrai com o odor de certas secreções da folha, é, por esta subitamente envolvido e comprimido por numerosos tentáculos, cerca de 192 por folha, que se comprimem nas costas em dez segundos, e atingem em uma hora e meia o centro da folha. Só se relaxam quando a vítima estiver morta e parcialmente digerida, graças a um ácido e um fermento muito análogo à nossa pepsina, segregada em grande quantidade pelas glândulas. Estas glândulas agem sobre o tentáculo vizinho e seus circunstantes, com movimento similar, crê Darwin, àquele do moto reflexo nos animais.

Quando um inseto pousa de um lado do disco folhar, os tentáculos circunstantes se curvam sobre o ponto de excitação, em qualquer parte que seja; o impulso motor, quando se defende de uma ou mais glândulas, atravessa o disco, propaga-se até a base dos tentáculos vizinhos, age por sua vez sobre um ponto de excitação, aumenta a secreção das glândulas e a acidifica, e estas por sua vez, agem sobre o protoplasma.

Na *Dionea muscípula* não se provocam as contrações das crinas homicidas com sopro ou corpo líquido, mas apenas com corpo sólido, que sejam nitrogenados e úmidos. Nota-se mais que as crinas cruzadas deixam escapar o inseto miúdo que não servia para sua nutrição.

Nas *Pinguicoles,* as gotas de água não fazem encrespar as folhas e nem absorvem a substância sólida que não seja orgânica. Os fluídos não nitrogenados, mas densos, provocam a secreção das glândulas, mas não copiosa nem ácida, enquanto que muito copiosa e fatal seja a secreção e o rápido encurvamento quando se trata de um corpo azotado (como de um inseto).

A *Genlisea ornata* prende os pequenos animais precisamente como os pescadores usam na armadilha para a enguia.

2. O delito no mundo zoológico

Tanto mais clara se torna a analogia quando se passa ao mundo zoológico. E já pelos crimes de morte entre os animais, Ferri pôde distinguir não menos de 22 espécies, das quais não poucas são análogas àquela contemplada nas nossas coletâneas.

Assim, a morte pela procura de alimento, da qual creio inútil dar exemplos, tantos são eles comuns, e corresponderiam aos nossos delitos por causa da fome ou da carestia. Da mesma forma, os maus-tratos e a morte pela chefia do grupo, que seriam os nossos delitos por ambição e outros, e que se vêem nos cavalos, touros e veados.

Basta uma macaca entrar na jaula de um jardim zoológico, as companheiras examinam os músculos e os dentes dela, examinando os lábios para ver se é o caso de respeitá-la, ou se a possam maltratá-la impunemente. Ai dos macacos pequenos e débeis, de dentes curtos, ou vacilantes, se não encontrarem protetores que gostam de proteger e acariciar os pequenos, ainda que sejam de espécies diferentes.

O macaco que tenha dente mais robusto e mais longo é adulado, esfregado, acariciado pelos mais débeis; as homenagens se estendem também à sua prole, ainda que seja feia e raquítica.

Os gorilas costumam ter um só chefe, um macho adulto. A razão é a de que o mais forte caça sempre os outros e os mata. Os jovens machos, depois que crescem e adquirem toda a sua força, atacam os velhos e não se detêm em matá-los quando querem livrar-se deles. Os *tarpans*, cavalos selvagens da Rússia, se batem com irritação pelo comando, que cabe a um só.

As abelhas só têm uma rainha e se acaso surgirem algumas concorrentes, estas são mortas. Também é colocada à morte a velha rainha quando nasce a sua rival. A velha soberana, por sua vez, faz todas as tentativas para tornar impossível a ascensão ao trono de sua rival; precipita-se nos aposentos que guardam a rainha-larva, fere e mata todas as habitantes.

3. Morte para o uso das fêmeas

Para todos os animais de geração sexual é tão comum a luta dos machos para satisfazer o instinto de procriação ou apossar-se da fêmea e este fato deu origem à hipótese darwiniana da escolha sexual.

Com o amor cresce o ciúme e o ódio contra o rival; combatem-se asperamente e até os mais tímidos tornam-se ousados e lutadores. Os leões, os tigres, os jaguares, os leopardos são terríveis nas lutas amorosas. Herne conta que os bois almiscarados se confrontam de forma tão encarniçada nos momentos de excitação sexual que muitos morrem e as fêmeas então excedem, nessa excitação, os machos em alta proporção. Brehm fala das lutas amorosas dos gatos, dos cangurus, dos camelos. Os cervos e os alces estão entre os mais encarniçados litigantes. Os cervos da Virgínia são tão ferozes na luta que travam durante o dia inteiro, e, à vezes, os dois adversários, entrelaçando com vigoroso golpe de cabeça os seus chifres, não conseguem mais parar e sucumbem.

4. Morte por defesa

Sabe-se que os habitantes de uma colméia não aceitam abelhas estrangeiras em seu meio. Um apicultor pegou uma abelha e a colocou no meio de outras que estavam de sentinela na entrada da colméia. Estas caíram sobre a intrusa involuntária, mataram-na e a atiraram fora do local. Pode acontecer que uma rainha tendo-se perdido, voltando do vôo nupcial, se introduza numa colméia alheia, cuja entrada esteja mal protegida; nada poderia salvá-la da morte certa, pela fome, por sufoco ou por veneno.

É sabido que os machos têm a única missão de fecundar a rainha, enquanto que as abelhas operárias provêm à manutenção da sociedade dela. Porém, no outono, ao fim do verão, uma vez terminado o vôo nupcial e começando a escassez de alimentos, as operárias apunhalam os machos com seus ferrões, ou os expulsam da colméia, quando então eles morrem de frio e melancolia.

5. Morte por cobiça

As formigas, que criam os afídios para chupar a doce secreção deles, preferem com a rapina cuidar de seu rebanho. Forel observou uma colônia de formigas *excete* agredir intrepidamente dois ninhos de outras duas espécies. Depois de haver exterminado muitos inimigos, as assaltantes se precipitaram sobre os filhotes que ali cresciam e deram caça desapiedada às formigas, para apoderar-se dos afídios delas.

Igualmente encarniçadas são as guerras empreendidas de tempos em tempos pelas formigas amazônicas para cuidar do maior número possível de crisálidas de formigas escravas, que elas criam em regime de servidão. Pelo mesmo motivo as formigas *sanguines* assaltam os ninhos das amazonas e empreendem expedições plenas de peripécias.

6. Mortes belicosas

Todos sabem que muitos animais, ainda que da mesma espécie, travam, freqüentemente, guerra entre si, determinadas indiretamente pela luta por sua sobrevivência, mas com o fim imediato de matar por matar. É fato sugestivo que o gorila, lançando-se ao combate, solta um grito de guerra, comparável ao do selvagem, e se arremete sobre o inimigo com a fúria e o excesso do habitante da floresta. Mas, o sentimento de exclusão e de oposição não se manifesta em parte alguma tão notável como entre as formigas e os cupins.

7. Canibalismo simples

Malgrado o provérbio, os lobos se comem entre si; assim acontece também com outros animais: um engole o outro. No zoológico de Londres, duas serpentes viviam na mesma gaiola; um dia o guarda do zôo teve tempo de salvar a serpente menor que já estava na goela da maior.

8. Canibalismo com infanticídio e parricídio

Também para os animais, notaram Houseau e Ferri, a única fantasia sobre a força inata do sangue, sobre o amor materno e filial sofre graves desmentidos pela observância dos fatos mais comuns.

As fêmeas dos crocodilos comem, muitas vezes, seus filhotes que não sabem nadar. Mas, é preciso observar que em muitas espécies animais, como em alguns povos bárbaros, uma inferioridade do corpo pode ser causa de desprezo e vergonha. Vimos uma galinha que tinha alguns filhotes débeis e doentes, abandonar o ninho com a parte sã de sua prole, sem se incomodar com a sorte daqueles pequenos infelizes.

Como certos pássaros rompem seu ovo e destroem seu ninho quando percebem que foram tocados; como certos ratos devoram seus filhotes quando são perturbados. Entre os macacos, as fêmeas do *hapales* comem a cabeça e jogam seus filhos contra uma árvore, quando estão cansadas de levá-los.

2. Tatuagens nos Delinqüentes

*1. Colaboradores – 2. Criminosos – 3. Obscenidade
4. Multiplicidade – 5. Precocidade – 6. Associação.
Identidade – 7. Causas: Religião – Imitação – Espírito
de vingança – Ociosidade – Vaidade – Espírito gregário –
Paixão – Pichação – Paixões eróticas – Atavismo
8. Tatuagem nos dementes – 9. Traumas*

1. Colaboradores

Temos tratado até agora dos caracteres somáticos dos delinqüentes em geral, havendo enorme dificuldade de ter sobre a mesa anatômica em espécie, e também as ilustrações em álbum fotográfico, documentos que distinguem os delinqüentes-natos dos habituais ou dos ocasionais. Vimos como os caracteres diferenciadores do honesto vêm diminuindo e também desaparecendo nos delinqüentes menores, por paixão e sobretudo nos delinqüentes de ocasião.

O que corresponde bastante àquela grande diversidade em relação à reincidência criminal, da qual insiste Ferri nos seus estudos sobre *Limites da Antropologia Criminal*, que mudaram a orientação que eu havia imprimido a esta pesquisa, conectando-a com a prática forense.

Destes homens que concentram no organismo humano tantas anomalias, como nos crimes, tanta constância nas reincidências, pretendo estudar a biologia e a psicologia. E começarei da característica que é mais psicológica do que anatômica: a tatuagem.

Uma das características mais singulares do homem primitivo ou em estado de selvageria é a freqüência em que se sobrepõe a esta, antes cirúrgica do que estética, operação que recebeu exatamente de uma língua oceânica, o nome de tatuagem. Também na Itália esta prática se encontra difundida sob o nome de *marca*, *sinal*, mas só nas ínfimas classes sociais; nos camponeses, marinheiros, operários, pastores, soldados, e mais ainda entre os delinqüentes; esta, pela grande freqüência, constitui um novo e especial caráter anatômico-legal, e do qual deverei depois me ocupar longamente, mas não sem antes haver levantado e examinado, pela justa comparação, de que modo se explica no homem normal.

Consegui alcançar isto com o estudo de 9.234 indivíduos, dos quais 3.886 soldados honestos e 5.348 criminais, ou meretrizes ou soldados delinqüentes, entre eles 200 mulheres, 378 franceses e isso graças a ajuda e paciência de mais de uma dezena de médicos.

Olhando os verdadeiros símbolos, a que as tatuagens aludem, ocorreu-me distinguir tatuagem sobre o amor, religião, guerra e profissão. São traços eternos das idéias e das paixões predominantes no homem do povo. Os de amor eram comuns entre os lombardos e piemonteses. São o nome ou as iniciais da mulher amada, escritos em letras maiúsculas; ou a época do primeiro amor; ou um ou mais corações trespassados por uma flecha; ou duas mãos que se apertam. Uma vez notei a figura inteira de uma mulher vestida de camponesa, com uma flor na mão, e, outra vez, vi um breve verso de amor.

Os símbolos de guerra são os mais freqüentes nos militares e é natural, como os que concernem à profissão do tatuado, e são desenhados com tal finura e realismo nas minúcias, que trazem à mente a minuciosa precisão da arte egípcia e mexicana.

Aqueles que trazem essa característica são geralmente piemonteses e lombardos. Os símbolos, depois, se reduzem à época do alistamento, escrita em cifras, como por exemplo 1860, ou na data de uma batalha memorável, à qual assistira o soldado; ou a arma do próprio corpo; ou a todas essas coisas reunidas. Um canhão dando tiros; ou dois canhões cruzados num triângulo superior, ou uma pirâmide de balas num triângulo inferior, são signos preferidos da artilharia de campanha, da espécie dos que serviram na Áustria. Um morteiro de bomba é o signo da artilharia de terra; uma barca, um barco a vapor, uma âncora são os sinais preferidos pelos fuzileiros e marinheiros. Dois fuzis em cruz, duas baionetas entrelaçadas são símbolos prediletos da infantaria; o cavalo, da cavalaria. Uma vez encontrei um cavalo num cavaleiro e um elmo num ex-bombeiro.

Depois dos símbolos profissionais, os predominantes são os da religião, e é natural a quem conhece o espírito devoto de nosso povo. Todavia, devo acrescentar que muitos deles foram feitos antes de entrar na milícia, e que são fornecidos pelos pastores da Lombardia ou pelos peregrinos de Loreto. Consiste, o mais das vezes, de uma cruz posta em cima de uma esfera, em um coração (lombardos).

Desenho quase exclusivo dos habitantes da Emilia-Romagna e da população de Chieti e de Áquila é o conjunto de três letras IHS com uma cruz no alto. Às vezes, esse símbolo encontra-se em indivíduos de outras regiões, como calabreses, lombardos, que foram a Ancora e depois a Loreto, por acaso ou de propósito, talvez em peregrinação, e recordam assim acontecimento feliz na própria carne.

Entre os vários desenhos, alguns são de pouco significado, como flor, árvore, anel ou as próprias iniciais. Outros são mais importantes; um com o retrato da rainha de Nápoles e a palavra Gaeta, era com orgulho mostrado por um veterano, um bourbon. Cinco vezes notei um desenho muito bizarro, que me foi revelado, ora figurando uma tarântula, ora uma rã, quatro vezes em napolitanos, cinco vezes em sicilianos, sujeitos de serem filiados à Camorra: mas não me foi possível saber o significado pretendido, nem eu ficaria surpreso em acreditar que fosse um reconhecimento, como, se não me engano, um não muito diferente, tinham os carbonários em 1815. Um artilheiro tinha uma sereia, que apertava um peixe nas mãos, desenhada com esmero de uma miniatura, de cor vermelha e azul. Três indivíduos que estiveram na legião estrangeira na África tinham uma meia-lua; dois outros, vindos da África, ostentavam a figura de um turco com o cetro na mão e uma faixa no dorso.

2. Criminosos

É especialmente na triste classe do homem delinqüente que a tatuagem assume um caráter particular, e estranha tenacidade e difusão. Vimos já, como atualmente na milícia, os detentos apresentam uma freqüência oito vezes maior de tatuagens do soldado livre; a observação torna-se tão comum, que um destes, solicitado por mim por que não tinha tatuagem, respondeu-me: "porque são coisas que fazem os condenados". Soube por um ilustre médico militar, como os tatuados se consideram, *a priori*, como maus militares. Estamos longe da época em que a tatuagem considerava-se prova de virilidade, e era na armada piemontesa adotados pelos mais corajosos.

O estudo minucioso dos vários desenhos adotados pelos delinqüentes demonstra como algumas vezes assumem não só especial freqüência, mas um cunho todo particular, criminal. Realmente, em quatro sobre 162 deles a tatuagem exprimia estupendamente o ânimo violento, vingativo, ou traço de despudorados propósitos. Um tinha, no peito, no meio de dois punhais, inscrito o triste chiste: "juro vingar-me"; era um antigo marinheiro piemontês, estelionatário e homicida por ato de vingança. Um vêneto, ladrão e reincidente, tinha no peito as palavras: "mísero eu, como deverei acabar?", lúgubres palavras que recordavam aquelas também lúgubres que Felipe, o estrangulador de meretrizes, tinha desenhado, muitos anos antes da condenação, no braço direito: "nascido sob má estrela". Tardieu notou um marinheiro, já encarcerado, com a tatuagem: "sem esperança", em largas letras na fronte. Dir-se-ia que o delinqüente tem gravado na própria carne o presságio de seu fim. Outro colocou na fronte: "morte aos burgueses", sob o desenho de um punhal.

3. Obscenidade

Outro indício nos oferece a obscenidade do desenho, ou a região do corpo em que a tatuagem vem sendo praticada, como os poucos que mostraram desenhos obscenos, ou traçados em partes impudicas, eram freqüentes entre antigos desertores encontrados nos cárceres. Em 142 delinqüentes, examinados por mim, cinco tinham tatuagens no pênis. Três traziam ao longo do pênis a figura de mulher; um tinha desenhado na glande o rosto de mulher; um tinha a inicial de sua amante, outro um maço de flores. Esses fatos revelam não só a impudicícia, mas a estranha insensibilidade deles, por ser esta uma das regiões mais sensíveis à dor.

Um morto por esfaqueamento tinha o braço e o peito tatuados com desenho de mulheres suspendendo as saias. Outro que tinha estado na legião estrangeira, depois de praticar homicídio tatuou seu membro viril no braço. Lacassagne, em 1.333 tatuagens de criminosos, encontrou onze no pênis, 280 emblemas amorosos, ou melhor lúbricos: busto de mulher, mulher nua, figuras que relembram coito em pé; mais uma série de cenas eróticas impossíveis de serem descritas. No ventre, embaixo do umbigo preferem sempre assuntos lúbricos, como inscrições desse tipo: "torneira do amor", "prazer das mulheres", "venham, senhoritas, à torneira do amor", "ela pensa em mim". Tão variado é o sentimentalismo que faz as mulheres histéricas babarem-se todas.

Os pederastas, tendo maior tendência que os outros para agradar a outrem, têm mais tatuagens, e talvez das especiais. Quatro deles, pesquisados por Lacassagne, tinham as mãos marcadas, as duas com iniciais e em cima delas a inscrição "a amizade une dois corações". Quatro outras iniciais do amante e sob um coração inflamado ou com a palavra "amizade". Quatro vezes o nome do amigo; em um caso o seu nome e, em cima, o retrato dele. Pederástica também me parece a inscrição "amigo do contrário".

É provável que estes fossem aqueles prisioneiros em que Lacassagne encontrou, nas nádegas, símbolos lúbricos; um olho em cada nádega, um meganha cruzando uma baioneta que sustenta uma bandeirola em que está escrito "não entra", uma serpente que se dirige ao ânus.

4. Multiplicidade

Outro característico dos delinqüentes, que têm em comum com os selvagens e os marinheiros é o de imprimir desenhos não só nos braços e no peito, como é de uso geral, mas em todas a partes do corpo. Observei neles 100 sinais nos braços, no tronco e no abdome, cinco nas mãos, três nos dedos, oito no pênis, três na coxa.

Lacassagne, em 367 tatuados encontrou: um nos dois braços e no ventre apenas, quatro nos dois braços e nas coxas, oito no peito, quatro só no ventre, onze no pênis, 29 em todo o corpo, 45 nos dois braços e no peito, 88 só no braço direito, 59 só no esquerdo, 127 só nos dois braços. Outro, que tinha passado muitos anos em prisão, não tinha, fora as faces e as costas, uma só superfície larga que não estivesse tatuada. Na testa estava escrito "mártir da liberdade" e, em cima, uma serpente de onze centímetros e sob o nariz uma cruz que tinha tentado camuflar com tinta.

Tardieu observou um ladrão tatuado totalmente com uniforme de almirante. Um poeta sentimental tinha, além de tatuagem obscena, um navio no braço esquerdo, com duas iniciais da amante e embaixo o da mãe; no peito uma serpente e duas bandeiras; no braço direito outra serpente, uma âncora, e uma mulher vestida totalmente. Outro homem tinha anéis nos dedos, uma cobra no braço direito e uma bailarina no esquerdo.

O lugar da tatuagem, e sobretudo o número, são de grande importância antropológica, porque provam a vaidade instintiva que é característica no criminoso. Um ladrão veneziano tinha no braço direito uma águia de duas cabeças, ao lado o nome da mãe e o da amante Luigia, com esta epígrafe, singular para um ladrão: "Luigia, cara amante, meu único conforto"!

Outro trazia no peito e nos braços três iniciais de amigos, uma cruz, um coração perfurado. Outro ladrão tinha no braço direito um pássaro com um coração no bico, estrelas, uma âncora e um membro viril. Um vagabundo tinha dois vasos, duas cruzes, um cachimbo, rosto de beduíno, nome ou sobrenome.

Toda essa multiplicidade é nova prova da pouca sensibilidade à dor, que os delinqüentes têm em comum com os selvagens.

5. Precocidade

Outro fato que distingue a tatuagem dos delinqüentes é a precocidade; segundo Tardieu e Berchom, a tatuagem não se observa, na França, antes dos 16 anos em pessoas normais. Entretanto, encontramos tatuados a partir de 5 até 20 anos; entre 378 criminosos, havia 95 tatuados nessa faixa etária.

Battistele, em Nápoles, notou 122 tatuados no grupo de 394 menores de um reformatório, 31 dos quais eram os piores; um deles, por exemplo, transferido do reformatório por ser incorrigível, antes de partir traçou na parede, para alguns amigos, exortação veemente para perdurarem no mal; esses amigos eram todos tatuados.

6. Associação. Identidade

Esses fatos mostram-nos como os estudos da tatuagem podem conduzir algumas vezes aos traços de associações criminosas; notei que muitos camorristas traziam sinal particular; um tinha no braço um alfabeto misterioso que devia servir para comunicar-se secretamente, como num cárcere em que os detentos adotam um alfabeto para escrever um jornal secreto, segundo Lacassagne.

Também os desenhos de tatuagem que nada têm de particular, que tornam comum inteiramente os delinqüentes com os cidadãos, pastores, marinheiros, podem ser úteis à Justiça e à medicina legal: ajudam exatamente para revelar a identidade do indivíduo, a sua região, os acontecimentos importantes de sua vida.

Assim, 22 tinham a data de apresentação e engajamento como militar, 24 a inicial de seu nome, 7 o nome de amigos ou de amantes, 12 o signo de uma profissão, um militar o de um soldado, outro de uma bandeira, o terceiro o da águia austríaca, um garibaldino o busto de Garibaldi, um marinheiro ostentava uma âncora e um navio.

A vantagem que pode nos trazer essa revelação involuntária é tão conhecida dos delinqüentes que os mais sagazes evitam tatuar-se ou tentam remover as existentes e dois deles me confessaram a remoção. Outros mudaram os velhos desenhos, sobrepondo novas, com várias cores. Em 89 réus tatuados, 71 foram tatuados nos cárceres ou no reformatório, oito na caserna, quatro nos santuários, quatro na própria casa. De 50 tatuagens, 37 eram coloridas de azul, 6 de vermelho, 1 de preto, 6 de azul e vermelho.

7. Causas

Seria curioso ao antropólogo pesquisar a causa pela qual se mantém nas classes baixas e nas criminosas este uso tão pouco vantajoso e até prejudicial. Vamos tentar, entretanto.

A – *Religião*

A religião, que pode tanto nos povos e que tanto tende a conservar os antigos hábitos e costumes, contribuiu certamente para manter esse uso. Aqueles que sejam devotos de um santo acreditam que, tendo-o na própria pele, dão-lhe prova de afeto. Sabemos que os fenícios tatuavam-se na fronte com símbolos divinos. Na ilha Marschall acredita-se que se deve pedir a Deus permissão para tatuar-se, e, por isso, só os sacerdotes fazem esse serviço. Entre os membros da Igreja Ortodoxa, a mulher que não tenha tatuagem não gozará da eterna santidade.

Os primitivos cristãos usavam gravar com fogo o nome de Cristo ou a cruz nos braços e na palma da mão, que são os mais usados entre nós. Entre 102 delinqüentes tatuados, 31 tinham desenhos religiosos. Até 1688, era uso dos cristãos, que ficavam em Belém, tatuar-se no santuário.

B – *Imitação*

A segunda causa é a imitação. Um bom soldado Lombardo, que tinha a tatuagem de uma sereia, dizia-me rindo, "veja, nós somos como as ovelhas; não podemos ver um de nós fazer uma coisa, que não o imitemos logo, ainda que com o risco de nos prejudicar". Prova curiosa dessa causa é o fato de que amiúde um batalhão inteiro traz desenho igual, como por exemplo, um coração.

Numa prisão, 10 presos tinham feito tatuagem para imitar um colega, com a expressão no braço: "pas de chance" (sem chance). Um deles disse que o fez porque todos no cárcere a tinham. Em um regimento, com boa parte dos membros tatuados com o semblante de Cristo, porque um soldado desse regimento é devoto de Cristo e realiza essa operação por pouco dinheiro e uma ração de pão.

C – *Espírito de vingança*

Há tatuagens por espírito de vingança. Um feroz homicida exibia diversas tatuagens nos braços (cavalo, âncora, etc.), mas por conselho do pai as fez apagar, por nota particular que poderia facilitar seu reconhecimento em caso de detenção. Mas, anos mais tarde, ao ser pego pela polícia, e opondo resistência a ela, um dos policiais o agarrou de tal modo que o deixou com o olho avariado. Então ele, não cuidando da prudência refez a tatuagem no braço direito, com o ano do fato, 1868, e um vaso no "braço que deve golpear" e me declarou que a iria conservar por 100 mil anos, até que fosse vingado, matando aquele policial.

D – Ociosidade

A ociosidade tem sua parte nisso. É por isso que se notam numerosos desenhos nos desertores, nos prisioneiros, nos pastores, nos marinheiros. Encontrei 71 em 89 que eram tatuados no cárcere. Os emblemas dependem da fantasia dos tatuados, que se torna freqüente nos cárceres, seja para ganhar ou só para se distrair: "isso faz passar o tempo", disse-me um deles, e outro: "gosto de desenhar e não havendo papel, adoto a pele de meus companheiros". Muitos ignoravam o significado da própria tatuagem, que, muitas vezes, representava a reprodução de um desenho qualquer: gazela selvagem, galo, chinês, sereia. A ociosidade foi certamente uma das causas dessas tatuagens.

E – Vaidade

Mais ainda influencia a vaidade. Também aqueles que não são alienistas sabem que esta prepotente paixão, que se encontra em todas as classes sociais, e talvez até nos animais, possa impelir as ações mais bizarras e mais torpes. É por isso que os selvagens, que andavam nus, possuíam os desenhos no peito, e os nossos, que se vestem, pintam aquela parte mais exposta e mais fácil de ser vista, como o braço, e mais o direito que o esquerdo.

Um velho sargento piemontês me disse que na armada, em 1820, não havia soldado intrépido, e sobretudo os baixos oficiais, que não se tatuassem para demonstrar coragem em suportar a dor. Na Nova Zelândia a tatuagem é verdadeiro brasão de nobreza de que não podem desfrutar os plebeus, nem tampouco os chefes podem ornar-se com certos desenhos quando não tenha tido sucesso num empreendimento.

F – Espírito gregário

Contribui também o espírito gregário, e como me fizeram suspeitar algumas iniciais dos incendiários de Milão, em outros desenhos o espírito de sectarismo. Depois do exemplo da rã e da tarântula, eu não ficaria com medo de acreditar que o grupo de camorristas tenha adotado também este novo gênero de ornamento primitivo, como distintivo de sua facção, como adotava os anéis, correntes e certos tipos de barba. Entre os selvagens das Ilhas Marchesi, a tatuagem distingue as várias facções inimigas: uma tem um triângulo, outras um olho. Também as tribos negras se distinguem pelo corte que eles fazem na face. Outras tribos têm vinte cortes de cada lado do rosto, seis para cada braço, seis para as pernas, quatro por peito, ao todo 91. Na Idade Média havia tatuagens especiais para os artesãos, os desenhos de sua profissão, como na França, os sapateiros e os açougueiros.

G – Paixão

Até um certo ponto devem contribuir também os estímulos das mais nobres paixões humanas. Os ritos da casa paterna, a imagem do santo padroeiro, a infância, a amiga ausente, é coisa muito natural que retornem e recorrem, continuamente, fatos mais vivos da lembrança.

Nas classes civis encontrei uma só tatuagem, por assim dizer endêmica: foi entre os colegiais de um colégio bastante renomado de Castelomonte, em quase vinte rapazes no momento em que estava para fechar, se fizeram tatuar com desenhos que aludiam à memória do dileto colégio, como por exemplo, o nome do diretor ou de um colega. Todos ignoravam que a tatuagem fosse uso de bárbaros e condenados à prisão.

H – *Pichação*

As paredes, dizem os provérbios, são os mapas dos dementes, as grafites de Pompéia são verdadeiras tatuagens das paredes. Assim, em uma estava pintado um coração entre a frase "psichê" e queria dizer que Psichê era o coração dele. São exatamente pichações análogas as tatuagens vistas nas paredes das prisões, como cabeça de mulher, de advogados, nomes próprios com a inscrição embaixo: "dez anos de trabalhos forçados". Outro escreveu: "condenado à morte, inocente"; ele tinha a tatuagem de uma mulher armada com espada, com a inscrição abaixo: "liberdade".

Nos emblemas-metáforas, o espírito do povo evidencia-se. As naturezas pouco evoluídas procuram sempre representações objetivas de uma idéia; depois a freqüência dos corações abertos, estrelas, sinais de bom ou mau agouro, âncoras da salvação ou da marinha; mãos entrelaçadas como sinal de amor e com uma viola; punhal na região mamária esquerda, que simboliza um ferimento mortal ou aberto, havendo abaixo algumas gotas de sangue.

O emblema mais comum é a violeta; ao invés, seria a espécie prevalente na flora, contando-se em mais de 97 flores uma só margarida, sete entre rosas e flores exóticas e 39 violetas com a inscrição: "a mim, a você, à minha mãe, à irmã, a Maria". Freqüentemente, o retrato da mulher amada encontra sobre a flor e suas pétalas e embaixo o seu nome.

Paixões eróticas

Contribuem, entre outras, as paixões amorosas, ou melhor, as eróticas, como demonstram as figuras obscenas e as iniciais amorosas de nossos delinqüentes e das meretrizes. Na Oceania algumas mulheres desenham a vulva com símbolos obscenos. As mulheres japonesas, há alguns anos, tatuavam as mãos com sinais alusivos a seus amantes, que cobriam quando o trocavam por outro.

As indígenas se tatuam com linhas especiais e cicatrizes para demonstração de serem virgens ou pretendentes de casamento. Também nos homens a tatuagem coincide muitas vezes com a virilidade; é um indício, e talvez, como imaginava Darwin, um meio de opção sexual.

As prostitutas árabes exibem cruz ou flor nas faces e nos braços, e âncoras nos seios, na virilha, na vulva e nas pálpebras. Em três casos, o nome e as feições de um amante num braço e uma mulher no outro. Este símbolo das paixões, ligado à menor sensibilidade dolorosa explica o sacrifício monetário a que se submetem para se fazer tatuar.

Em Paris e Lyon, os tatuadores profissionais têm oficina, álbuns de desenhos e cobram bem pelo trabalho. Quando não usam tinta nankin, que provoca menos reação e dura mais, usam o carmin, que produz viva irritação e coceira, com graves inconvenientes.

Esse estímulo da paixão, ligado ao exato conhecimento dos pormenores, para aqueles que, tendo pouca inteligência, a descrevem, explicaria a sutileza que me fazem recordar a dos egípcios, chineses e mexicanos, para os quais, nos seus monumentos antigos pode-se distinguir muito bem a forma dos animais e vegetais e os instrumentos que desejavam retratar. Essa perfeição dos desenhos me lembra a delicadeza das canções populares, em que a paixão, às vezes, supera os elaborados artifícios da arte.

Pode-se talvez, entre os nossos, e certamente nos selvagens, a nudez, como forma de manto e ornamento. Realmente, os marinheiros, que vão nus no peito e braços, e as meretrizes que freqüentemente se despojam de suas vestes, são aqueles que mais preferem esse uso; e também os mineiros e caipiras. Por outro lado, em um homem vestido, a vantagem da tatuagem não teria razão de existir, não seria observada.

Atavismo

A primeira, a primeiríssima causa da difusão do uso da tatuagem, entre nós, creio que seja o atavismo (hereditariedade); ou a espécie de atavismo histórico, que é a tradição, como se a tatuagem fosse um dos caracteres especiais do homem primitivo e do homem em estado de selvageria.

Nas grutas pré-históricas e nos sepulcros do antigo Egito se vêem os estiletes que servem ainda aos selvagens modernos para tatuar-se. Os assírios, segundo Luciano, os dácios e samatos, segundo Plínio, pintavam figuras no corpo e na fronte e nas mãos os fenícios, e os hebreus com linhas, que chamavam "sinal de Deus".

Entre os britânicos o uso era de tal forma difundido que o próprio nome "britânico" parece ter derivado dele. Eles marcavam, disse César, figuras com ferro na carne dos meninos, e coloriam os guerreiros com tintas, para torná-los mais terríveis na guerra. Os escoceses, diz Isidoro, desenhavam com espetos estranhas figuras no corpo. Os soldados romanos ostentavam no braço direito o nome do imperador e a data do engajamento no exército.

Não há, penso, selvagem que não seja mais ou menos tatuado. Os pariáguas pintam o rosto de azul nos dias de festa e desenham triângulos, arabescos nas faces. Os povos negros distinguem-se, de tribo a tribo, especialmente os Bambaras, fazendo cortes horizontais ou verticais no rosto, no peito e nos braços. Os guerreiros "kafirs" têm o privilégio de fazer longo corte nas pernas, que tornam indelével colorindo-o de azul. Os "bornus" da África central distinguem-se por vinte cortes de cada lado do rosto; seis em cada braço, quatro no peito, etc.; ao todo 91.

Nas Ilhas Marshall as mulheres são tatuadas nos ombros e nos braços; os homens especialmente os chefes, nas costas, no lombo, no tórax, orelhas. No Taiti, algumas mulheres na vulva e no abdome (uma tinha desenhado símbolos obscenos); os homens por todo o corpo, até no nariz, couro cabeludo, gengivas, e freqüentemente, nascem gangrenas pelo corpo. Para proteger quem tenha sido operado são receitados dieta e repouso. O tatuador é respeitado e acolhido, recompensado com presentes, com porcos.

Nas ilhas March a tatuagem é uma vestimenta e um sacramento. Dos 15 aos 16 anos coloca-se nos rapazes uma cintura e se começa a tatuar nos dedos, nas pernas, mas sempre em um bom lugar sagrado. Toda família rica tem o seu maquiador que transmite a honraria de pai para filho, de modo que na morte do primeiro é necessário esperar alguns anos para que o segundo possa sucedê-lo. Às mulheres, mesmo as princesas, fazem só nos pés e se embaixo o desenho é delicado, no rosto grotesco e horrível, para fazer medo.

A tatuagem é a verdadeira escritura do selvagem, o primeiro registro do estado civil. Com certas tatuagens, os devedores lembram a obrigação de servir o credor por determinado tempo, e indicavam a qualidade e o número dos objetos recebidos em garantia. Os japoneses tatuam o corpo, desenhando leões, dragões e símbolos obscenos.

A influência pois do atavismo e da tradição parece-me confirmada ao encontrar a tatuagem disseminada entre os habitantes do campo, os caipiras e os pastores, tão tenaz nas antigas tradições e de vê-la já adotada na Itália, especialmente pelos piemonteses e lombardos; os povos celtas eram os únicos na antiga Europa que tinham conservado este uso desde o tempo de César.

8. Tatuagem nos dementes

Tudo o que foi dito basta para demonstrar à medicina legal que isto deve ajudar como indício longínquo de detenção pregressa, da presença da tatuagem, mormente se foi em pessoa estranha à classe dos marinheiros, dos militares, dos pescadores, e que tenha adotado desenho obsceno ou múltiplo, ou ainda faça alusão a alguma forma de vingança, ou de desespero.

Certamente, a predileção por este costume bastará para distinguir o delinqüente do demente, malgrado tenha em comum com ele a forçada reclusão e a violência das paixões ou o longo ócio. Devido a isso, ele recorre aos mais estranhos passatempos: afia pedras, corta as vestimentas, faz tatuagens.

Também o egrégio De Paoli em *Notas sobre a Tatuagem no Manicômio de Gênova* (1880), encontrou 19 tatuados entre 278 dementes, mas desses 19, 11 eram provenientes das prisões. Entre os outros 8, um pertencia à Camorra de Gênova e tanto este como outros 5 foram tatuados quando atuavam na marinha e no exército. Dois foram tatuados no manicômio, mas desses, um era marinheiro e foi tatuado a seu pedido para mostrar-se bem aos seus companheiros; a sua tatuagem que examinei era Deus num triângulo e um anjo voando, o que indica a natureza de seu delírio.

9. Traumas

Outro sinal que pode tornar-se precioso ao médico legista por, distinguir um malandro e um ladrão de um homem honesto e pacífico cidadão, é a freqüência das cicatrizes na cabeça e nos braços. Contei só 17 deles em 390, e anteriores à época em que foi cometido o delito. E isso se aplica também às prostitutas. Parent-Duchatelet, em 391 meretrizes abrigadas em hospitais por graves doenças não sifilíticas, encontrou 90, um quarto do total, atingidas por ferimentos e contusões graves.

3. Sobre a Sensibilidade Geral

1. Analgesia – 2. Sensibilidade geral – 3. Algometria
4. Sensibilidade tátil – 5. Visão – 6. Acuidade visual
7. Sensibilidade magnética – 8. Sensibilidade meteórica
9. Dinamometria – 10. Canhotismo
11. Anomalias da mobilidade

1. Analgesia

A singular preferência dos delinqüentes por uma operação tão dolorosa e freqüentemente longa e perigosa como a da tatuagem e a grande freqüência neles de traumas, levaram-me a suspeitar que haja neles uma sensibilidade à dor, mais abafada do que a das pessoas comuns. É o que acontece também entre os alienados.

Interrogando os vigilantes e médicos carcerários, consegui catalogar alguns casos de verdadeira analgesia (insensibilidade à dor) mas, na maior parte das vezes, tratam-se de delinqüentes alienados ou quase. Um velho ladrão, por exemplo, deixou-se aplicar um ferro quente no escroto, sem dar um pio, e depois perguntou se estava terminada a operação, como se não se tratasse dele. Outro, com a máxima apatia, deixou que lhe amputasse uma perna, e depois, tomando o membro cortado entre as mãos e fazendo piada sobre ele. Um ladrão condenado já treze vezes recusava-se a trabalhar sob o pretexto de dores na perna direita; o médico lhe disse que haveria necessidade de amputá-la e colocar uma de madeira, com a concordância dele. Algum tempo depois, o enfermeiro da prisão descobriu que ele tinha realmente séria lesão na perna, mas era a esquerda. Evidentemente era um imbecil, que depois foi internado num manicômio.

2. Sensibilidade geral

O argumento da sensibilidade dolorífica dos delinqüentes era muito importante e delicado para que pudéssemos nos contentar com dados completamente aproximativos e não controlados pela experiência direta.

Examinamos 66 delinqüentes, dos quais 56 eram reincidentes ou habituais e 4 ocasionais; havia ainda uma prostituta e 2 ladrões alienados mentais e 3 alcoólatras. Esse exame foi não apenas para averiguar a insensibilidade à dor, mas também a sensibilidade geral e topográfica.

Estudando esta última com o simples contato de dedo, foi ela encontrada em 38 dos 66. Em 46, em que se notou a diferença entre os dois lados, em 16 no lado direito e em 12 no esquerdo; em 18 em ambos os lados.

3. Algometria

Mais importante é o estudo da dor, conseguido pelo meu método de algometria (apertão) do são e do alienado, com experiência no dorso da mão. A média de sensibilidade em 21 homens normais foi de 49,1, enquanto nos delinqüentes foi de 34,1. Nos homens normais, nenhum apresentou total insensibilidade quando houve pressão dolorosa sobre o dorso da mão, mas entre os delinqüentes a sensibilidade zero atingiu 4 e em outros foi bem fraca a sensibilidade.

4. Sensibilidade tátil

Num conjunto de 27 indivíduos sãos encontrei 8 com bloqueio maior na esquerda e só 5 com bloqueio na direita, sendo emparelhado em 14; em média 2,2 no lado direito e 2,0 no esquerdo, ao contrário do que ocorre com os criminosos, nos quais o lado em que prevalece a resistência é o direito, em 10 sobre o número de 37, sendo 20 nos dois lados e só em 7 se nota maior insensibilidade no esquerdo.

Olhando o tato no tocante aos vários crimes, encontramos a seguinte estatística sobre a sensibilidade obstruída:

- Ladrões: Direita: 1,60 Esquerda: 1,78
- Agressores: 2,30 2,00
- Assaltantes: 1,92 1,74
- Estelionatários: 1,58 1,80

5. Visão

Quanto à vista, o Dr. Bono, em inteligente estudo no meu laboratório, em 227 criminosos, a maior parte adolescentes, encontrou 15 daltônicos (6,6), ou seja, cego às cores, o dobro do que encontrou em 800 estudantes (3,09) da mesma faixa etária e em 590 operários (3,89).

Também Holmgren em 321 criminosos encontrou 56 daltônicos, enquanto a média geral era de 32. Esta descoberta torna-se tanto mais importante, porque todo dia mais se vai apurando como no processo de sensação das cores toma uma parte importante o cérebro em confronto com a retina, e porque as pesquisas de Schmitz mostraram que muitos desses deficientes têm graves distúrbios no sistema nervoso, epilepsia, coréia, traumas mentais.

6. Acuidade visual

Sob o ponto de vista criminal devo outros dados preciosos à cortesia do Dr. Bono, que, examinando 380 olhos de 190 delinqüentes, os mais novos internados em reformatórios e alguns jovens menores de 26 anos, ladrões ou bandoleiros, 2 estelionatários, confrontava com 220 olhos de outros jovens coetâneos honestos, internados no instituto agrícola Bonafours, sujeitos à mesma limitação de liberdade e ao mesmo tratamento, obteve resultados que demonstram a fraca acuidade visual dos delinqüentes.

7. Sensibilidade magnética

Enquanto as várias espécies de sensibilidade permaneciam encobertas, a magnética é, ao revés, mais viva. É curioso que ao inverso do que ocorre nas pessoas normais, ao menos, segundo nossa experiência, houve seis que se mostraram sensíveis ao ímã na nuca, três na fronte e não em outras regiões do corpo. Em dois, o ímã tinha produzido vermelhão em todo o rosto, embora esse não apresentasse qualquer sensação.

8. Sensibilidade meteórica

Outra sensibilidade especial é a da variação meteórica, que tem sido encontrada bem clara em 19 de 102 examinados: um em 7 homicidas e salteadores, 10 em 47 ladrões, 2 em 25 agressores, 3 em 10 estelionatários, 2 em 7 vadios, 2 em 6 estupradores. Destes, 8 acusam prostração, 7 frio, 6 tremores no corpo, 7 tornaram-se agressivos.

9. Dinamometria

Quem quiser indagar as condições da força muscular dos delinqüentes não consegue, mesmo com perfeitos dinamômetros (aparelho destinado a medir a força muscular), fazer sequer uma idéia aproximativa, tratando-se de infelizes enfraquecidos pela longa detenção ou pela inércia. Acresce ainda que por essa forma de malignidade, que é o caráter constante de sua existência, eles fingem serem mais débeis do que são. Não reagem ao dinamômetro quanto poderiam. Pude verificar em Ancona, nas casas de detenção, em que eles exercem trabalho contínuo, a força muscular se mostra mais enérgica do que nos locais em que pouco ou nada se trabalha.

Característica de muitos criminosos é a extraordinária agilidade, especialmente nos assaltantes; assim era o Cechini, o Pietrotto, o Rossignol, que fugiu não só do cárcere, mas procurou ainda a evasão de sua amante no mesmo dia. Essa agilidade assemelha-se à macaquice, como a de Maria Pierino, que trepava nas árvores e delas saltava sobre os telhados, entrava nas casas e podia assim subtrair-se à ação da polícia.

10. Canhotismo

Fato curioso é que a dinamometria apresenta proporção mais elevada de canhotos, ou que tenham mais força na mão esquerda do que na direita. Esses dados me fazem suspeitar diferença de movimento menor na direita do que na esquerda. Digo que suspeito apenas, porque poucas provas dinamométricas já bastam para convencer de que dão idéia de força e ainda mesmo da destreza muscular e que todo modo nem sempre correspondem à ambidestria (ambidestro é quem usa a direita e a esquerda de forma igual).

11. Anomalias da mobilidade

Já o estudo de Virgílio, que sobre 194 crônicos encontra uma cota proporcional enorme de epiléticos, atáxicos e mormente nos ladrões em confronto com homicidas, faz-me suspeitar como a mobilidade seja muito anômala neles paralelamente à sensibilidade. É freqüente sobretudo a epilepsia.

4. Sobre a Sensibilidade Afetiva

1. Ausência dela (Lacenaire e Martinati)
2. Troppmann, Boutellier: Indiferença à própria morte
3. Os criminosos diante da execução – 4. Conclusão

1. Ausência dela

Geral quanto à sensibilidade à dor física (e talvez efeito indireto desta), a sensibilidade afetiva é também geral nos criminosos. Não é que nestes os efeitos calam completamente, como imaginam os maus romancistas, mas os que mais intensamente batem no coração dos seres humanos, ao invés, mais neles parecem mudos, especialmente após o desenvolvimento da puberdade.

O primeiro a apagar é o sentimento da compaixão pela desgraça alheia, que há, segundo alguns psicólogos, muita raiz no nosso egoísmo. Lacenaire confessava não ter provado nenhuma aversão a algum cadáver, como se fosse o de seu gato. "A visão de um agonizante não produz em mim qualquer efeito. Eu mato um homem como bebo um copo de vinho."

É realmente completa a indiferença diante das próprias vítimas e ante o sanguinário testemunho de seus delitos. É o caráter constante de todos os delinqüentes habituais, que bastaria para distingui-lo do caráter do homem normal. Martinati visava sem pestanejar a fotografia da própria mulher, constatava a identidade dela, e tranqüilamente lhe dava um golpe, como se depois lhe pedisse perdão, que não lhe seria concedido.

La Marquet jogou num poço a própria filha, para poder acusar a vizinha que o ofendera. Vitou envenenou o pai, a mãe e o irmão para herdar uma ninharia. Militelo, muito jovem, assim que cometera homicídio de um seu companheiro e amigo, estava tão pouco comovido, que tentou subornar os serviçais que tentaram impedir seu ato.

2. Troppmann e Boutellier: Indiferença à própria morte

Assim se explica como Troppmann pediu, do cárcere, ao seu irmão, como se pedisse uma laranja, ácido prússico e éter para matar seus carcereiros. Como tivesse ânimo de reproduzir, acreditando auxiliar sua própria defesa, a cena da horrível matança, da qual foi só ele o autor e a testemunha sobrevivente de seu grosseiro projeto, forneceu-me os pormenores dele em que duas de suas vítimas já eram cadáveres e as outras quatro levantavam desesperadamente as mãos sob os seus golpes. Para completar com o último tormento, calunia a vítima após matá-la, e ainda tenta provar, ou melhor, acusar como autor da carnificina o próprio pai, o pobre Kink, com essa expressão: "E assim aconteceu que Kink, o pai miserável que me enveredou à perdição, matou toda a sua família".

Qualquer delinqüente de ímpeto ou de ocasião sentiria horror de uma cena similar e teria necessidade de apagá-la da memória de todos, e ele, ao contrário, tenta eternizá-la, entrando a complacência ao crime, que é especial nesse tipo de pessoas.

Boutellier, aos 21 anos, matou a mãe com 50 facadas e sentindo-se cansado, deitou-se ao lado do cadáver da mãe e dormiu tranqüilamente, e, ao acordar, tomou sua refeição. Clausen e Luck falavam de seus delitos perante o tribunal com tanta frieza e tranqüilidade, como se fossem testemunhas e não autores. Esta estranha apatia, essa insensibilidade ante a desventura alheia, devida talvez ao egoísmo, o ponto de partida para a falta de compaixão, não raro a conserva para si mesma, pois, embora tenham sido encontrados facilmente alguns casos, como o da Marquesa de Brinvilliers, Antonelli, Boggia, Vallet, Bourse, que foram tomados de terror diante da execução deles, a maior parte conserva uma singular frieza e indiferença até a sua última hora. Mostram-se assim isentos do amor à própria conservação, que é a mais universal e o mais forte instinto do ser humano.

Pantoni, nosso emérito facínora, me contou que quase todos os assaltantes e homicidas caminhavam à morte brincando. Um assaltante de Voghera como seu último pedido, poucos minutos antes de morrer, para comer um frango cozido e comeu-o calmamente. Um outro quis escolher, entre três carrascos, o seu, que chamava de "professor". Valle, o assassino da cidade de Alessandria, que tinha ferido de morte dois ou três de seus companheiros por puro capricho, enquanto o levavam ao patíbulo, gritava a plena voz: "Não é verdade que a morte seja o pior de todos os males".

Orsolato, levado à pena capital, acenava, zombando a quantas moças que via pelo caminho, que, se fosse livre, repetiria seus horrendos crimes. Dumolard, ao padre que o exortava ao arrependimento antes de morrer, cobrou uma garrafa de vinho que lhe tinha prometido dias antes. A última coisa que quis fazer foi recomendar à sua mulher e cúmplice para cobrar um crédito de 37 liras.

Os livros estão cheios de epigramas de delinqüentes levados ao cadafalso. Comenta-se sobre aquele assassino que dizia ao seu comparsa que se lamentava da sorte: "Não sabia que estávamos sujeitos a uma doença a mais!" Um poeta na Rússia, Ryleseff, descontente com a demora de sua execução devido à lentidão da forca, exclamou: "Nem mesmo enforcar se sabe neste país!"

Claude observou os últimos momentos de muitos condenados à decapitação. Verger se preocupava com suas obras médicas. La Pommerais dava aulas de higiene aos carcereiros. Bocarmé, ao carrasco que o admoestava que já tinha passado a hora marcada, fazia humor: "Não se inquiete; sem mim não se começa!"

3. Os criminosos diante da execução

Esta insensibilidade é provada pela freqüência dos homicidas pouco depois da condenação capital, pelo que se deduz das divertidas palavras que, no jargão, se referem aos instrumentos e aos executores da pena, ou seja, dos carrascos, e dos relatos que fazem nos cárceres em que o enforcamento é o tema principal. Este é um dos mais potentes argumentos para a abolição das penas de morte. A pena capital certamente dissuade do crime um número bem escasso de facínoras. Talvez seja menor de outras causas que os induzem, a imitação que domina pessoas vulgares e ao tipo de horrendo prestígio criado em torno da "vítima da justiça", ao aparelho lúgubre e solene e muito adaptado a estimular a estranha vaidade dos criminosos e que leva até a venerar o corpo deles, como se fossem de mártires e santos.

Em 167 condenados à pena capital na Inglaterra, 164 tinham assistido à última execução. Esta insensibilidade pelas dores próprias e de outros explica como alguns delinqüentes possam ter cometido atos que parecem ser de extraordinária coragem. Por isso Holland, Doineau, Mottino, Fieschi, Santi-

Clair tinham ganho medalha de valor militar em campo de batalha. Coppa jogou-se desarmado de fuzil em meio ao nosso batalhão, matando e saindo ileso. Foi morto exatamente pelos seus comandados, que não tiveram coragem de acompanhá-lo naquela aventura impossível e temiam a vingança por parte dele. Outro chefe de quadrilha, Palmieri, fez-se matar, lançando-se no meio das balas. Masini, Francolino, Ninco, Canosa, Percuoco, preferiram a morte como heróis, à prisão.

Todavia, a maior parte dos delinqüentes se distingue pela grande velhacaria quando enfrentam o perigo a sangue frio e inesperado. Poucos anos atrás, o intrépido qüestor de Ravenna, Serafini, mandou chamar um dos mais temidos assassinos, que se gabava de querer matá-lo. Pôs-lhe um revólver na mão e lhe mandou que executasse sua promessa, mas ele foi-se embora sem nada fazer.

Também Elam-Linds fechou-se na cela com um dos mais ferozes encarcerados e que lhe havia prometido matá-lo e mandou-lhe fazer a barba. Despediu-o após, dizendo: "Sabia que sua intenção era matar-me, mas eu o desprezo demais para acreditar que você seja capaz de tanto. Só e sem armas eu sou mais forte do que vocês todos juntos".

O mesmo Elam, quando uma revolta se manifestava entre os seus detentos, acalmou-a colocando-se no meio deles. Em Sing-Sing, 900 detentos trabalhavam no campo sem correntes, vigiados só por 30 guardas; justificou aquele ilustre dirigente: "O homem desonesto é um homem essencialmente vil e patife".

É provável que os atos de coragem dos malfeitores sejam só o efeito da insensibilidade e da infantil impetuosidade, que não os deixa crescer ou temer um perigo seguro e que os cega diante de um objetivo a atingir, ou de uma paixão para satisfazer. Essa insensibilidade, que não faz parecer a eles tão grave a morte do alheio e a própria, junto com o ímpeto das paixões, explica a pouca ou nenhuma correspondência entre a gravidade do delito e da de sua causa. Assim, um condenado matou o outro porque roncava muito alto. Na penitenciária de Alessandria, um presidiário feriu de morte um outro, porque não quis engraxar-lhe os sapatos. Markendorf matou seu benfeitor para roubar-lhe um par de botas. Esta insensibilidade moral dos delinqüentes explica outro fato contraditório: a freqüente crueldade em indivíduos que algumas vezes parecem ser capazes de boas ações.

4. Conclusão

Em suma, a aberração do sentimento é a nota característica dos criminosos, como dos dementes, podendo uma grande inteligência coincidir com uma tendência criminosa e demente, mas nunca com íntegro sentimento afetivo. Isto foi observado por Puglia e depois por Poletti. Isto também fica de acordo com o fato de que certamente terá sensibilizado os meus leitores desde os primeiros capítulos: que as alterações da testa predominam mais do que as das faces, que a da cabeça e dos olhos sobre todas as outras.

As alterações faciais, especialmente as oculares, ao invés do sentimento, que tanto são freqüentes e inseparáveis no verdadeiro criminoso-nato, e que têm, de outra parte, uma base orgânica. Tem certamente uma conexão com a sensibilidade obtusa e naquela reação, ora excessiva ora muito escassa. Conseguimos recolher provas experimentais disso. Mas este argumento é bem vital, razão pela qual não nos sentimos no dever de retornar mais minuciosamente nas próximas considerações.

5. A Demência Moral e o Delito Entre as Crianças

*1. Cólera – 2. Vingança – 3. Ciúmes – 4. Mentiras
5. Senso moral – 6. Afeto – 7. Crueldade – 8. Preguiça e ócio
9. Gíria – 10. Vaidade – 11. Alcoolismo e jogo
12. Tendências obscenas – 13. Imitação
14. Desenvolvimento da demência moral.*

1. Cólera

É um fato fugidio talvez aos observadores, exatamente pela sua simplicidade e freqüência, e apenas levantado por Moreau, Perez e Bain, que os germens da demência moral e da delinqüência encontram-se, não excepcionalmente, mas normalmente nas primeiras idades do ser humano. No feto, encontram-se freqüentemente certas formas que no adulto são monstruosidades. O menino representaria como um ser humano privado de senso moral, este que se diz dos frenólogos um demente moral, para nós, um delinqüente-nato. Há nisso toda a violência da paixão.

Perez demonstra a freqüência e a precocidade da cólera nas crianças. Nos primeiros dois meses eles mostram com o movimento das sobrancelhas, das mãos, verdadeiros acessos de cólera, quando não querem tomar banho, quando querem pegar um objeto. A um ano de idade a sua cólera leva-o a bater nas pessoas, quebrar pratos, jogá-los contra quem os desagrada, precisamente como os selvagens. É como os dacotas, que entram em furor quando matam os bisões, como os fidjanes que se mostram, nas emoções, muito excitados, mas pouco tenazes (Perez).

A criança se enraivece quando sofre dor ou quando tem necessidade de dormir ou de mover-se, quando não pode se fazer compreender ou se lhe interrompem algum de seus hábitos, ou se querem impedi-lo de chorar, de desabafar. A raiva o domina quando é obrigado a fazer festa para os estranhos, ou vem interromper duas crianças que se batem. Freqüentemente a causa é absurda: porque domina neles, como bem disse Perez, a obstinação e a impulsividade, que bem se vê em quem se lava, se despe, ou vai dormir. E a cólera então toma a expressão aguda do capricho, do ciúme, da vingança, e prejudica o desenvolvimento deles, principalmente nos predispostos a doenças convulsivas e atinge proporções espantosas.

Certos rapazes, disse Moreau em 1882, não podem estar um só momento na expectativa da sorte procurada, sem entrar em cólera. Ele conheceu um menino de 8 anos, inteligentíssimo, que à mínima observação dos pais ou de estranhos, entrava em cólera violenta, transformando em arma tudo o que lhe caía às mãos e quando se via impotente, quebrava quantos objetos podia apanhar.

Não se podia pôr no berço um menino de 4 meses a não ser com auxílio de outras pessoas. Aos 6 meses a mãe tentou colocá-lo entre almofadas no próprio leito, mas o furor recomeçava quando ia para o berço. Com 1 ano era alegre, mas ainda tenaz em certos hábitos, como por exemplo, ser colocado no leito pelo seu pai.

Uma menina, que era um tanto violenta, tornou-se boa com 2 anos. Vi outra, de 11 meses tornar-se furiosa porque não conseguia torcer o nariz do avô, e uma outra de 2 anos porque viu um menino com mamadeira igual à sua; procurou mordê-lo e tornou-se doente por três dias. Outra de 2 anos tinha tal acesso de raiva quando a colocavam para dormir.

Um menino de 15 meses mordia a mãe quando lhe dava banho. Um outro de 3 anos, afastado da sala de jantar, jogou-se por terra no vão da porta, dando gritos ferozes. A cólera portanto é um sentimento elementar no ser humano, que deve ser dirigida, mas não se deve esperar que seja extraída.

2. Vingança

Esses casos mostram a freqüência e a precocidade do senso da vingança nos meninos. Pude ver também aos 7 ou 8 meses um menino arranhar a ama de leite quando procurava retirar a teta. Conheci um menino hidrocefálico, de desenvolvimento e entendimento tardio, que se irritava à mais leve advertência até a idade de 6 anos. Se pudesse golpear aquele que o tinha irritado, ter-se-ia tranqüilizado; se não continuava a gritar. Mordia as mãos, ato que eu o vi repetir, quando não podia vingar-se da ameaça feita a ele. Às vezes reagia muitas horas após a súbita irritação e sempre procurava golpear outros no ponto em que fora atingido ou ameaçado. Era violentíssimo, sobretudo se acreditasse ser punido ou ser algo de suposto ódio. Melhorou aos 10 anos. Outro que era ferocíssimo aos 4 anos, até bater na mãe em plena rua. Aos 11 anos tornou-se dócil e bom.

3. Ciúmes

É comum a todos os animais e se mostra também nos seres humanos mais calmos. Ora explode como incêndio, ora amoita como cinza. Pode ter como excitante o amor, mas também a posse. É violento nos meninos. Perez notou o ciúme num que não só era ciumento de quem chegasse perto de sua ama-de-leite, mas também um objeto, para não cedê-lo a outrem.

Fénélon escreveu: "Nos meninos o ciúme é mais violento do que se imagina e há muitos que emagrecem insensivelmente ao sentir-se menos acariciados do que outros. Tiedemann, em um menino de 22 meses observou que queria ser louvado quando fosse louvada sua irmã, e batia nela se não lhe cedia de súbito o que ela ganhava. Um garoto de 3 anos, que falava com grande prazer da futura irmã, quando a viu nascer e ser acariciada logo perguntou se ela devia morrer logo.

Vi esse sentimento desenvolvido no primeiro mês, nos primeiros dias do nascimento em uma menina que não tomava mais o leite quando via sugado o outro seio pela irmã gêmea, razão porque era separada imediatamente. Com 4 anos, ela não comia mais se via pela janela uma menina vestida como ela. Com 14-15 anos, depois de um grave tifo, começou a tornar-se boa; era porém muito tarde. Aos 25 anos, mais hipócrita que boa, com crânio hidrocéfalo e hiperestesia histérica. Valbust fala de um menino de 6 anos, ciumento de seu irmãozinho, que apresentava freqüentemente aos próprios pais a faca para que o matassem.

4. Mentiras

Montaigne dizia que a mentira e a obstinação crescem nos meninos tanto quanto seu corpo. Perez o admite e aduz como causa primeira a facilidade que temos em enganar as crianças desde os primeiros meses para tranqüilizá-los, lavá-los, etc. Eles mentem para conseguir aquilo que lhes foi proibido; muitas vezes para evitarem uma repreensão ou para não parecer que a merecem. Outras vezes mentem por causa da merenda, fingindo não a ter comido antes e sob a impressão de uma forte dor após uma queda, ou para mostrarem-se fortes, ou querendo imaginar-se não estarem na aviltante posição em que estão. Ou ainda por ciúme (uma menina, vendo a mãe acariciar seu irmãozinho, inventou que foi agredida por ele); ou por preguiça (por exemplo, não querendo fazer alguma coisa dizem estarem doentes). Eu me recordo ter, com tal pretexto, evitado por meses uma enfadonha lição de aritmética; tinha 5 ou 6 anos, enganando até os médicos.

Depois dos 3 ou 4 anos, eles mentem por medo de serem punidos e a isso são levados da maneira com que são interrogados e pressionados para darem a resposta. Freqüentemente mentem para satisfazer a vaidade. Há meninos que por vaidade se dão prêmios imaginários. Uma menina se dava ao gosto de narrar a si mesma fábulas em que se tornava rainha e ficava absorta com elas todo o dia.

Uma das razões das freqüentes mentiras deles é a impulsividade e o senso menos completo, menos profundo do verdadeiro, que custa menos para eles do que para os outros em dissimulá-los, mudá-los diante de um objetivo, mesmo leve de atingir, exatamente como nos selvagens e delinqüentes. Por isso, vê-se aplicar a dissimulação, da qual acreditamos que sejam incapazes pessoas mais maduras. Conheci uma menina que, com 4 anos, roubava o açúcar com tanta destreza que não se deixava surpreender, e depois fazia crer que a ladra fosse a servente.

Um passo a mais e vimos outra que só para criar rumor em torno dela fingia expelir secreções vaginais e enganou por anos médicos experimentados. Outra, de 5 ou 6 anos, ouviu a mãe adotiva ler em um jornal um processo escandaloso; alguns dias depois ela inventou que fôra molestada obscenamente pelo pai e pelo avô. Iniciou-se um grave processo, até que os exames demonstraram que tudo eram fábulas; último e único objetivo era provocar barulho em torno de si.

Bourdin, que foi encarregado de fazer trabalho especial sobre a mentira entre os meninos, conta-nos que um menino inventou ter um corpo estranho no ouvido e gritava de dor, para chamar a atenção sobre si. Outro, com o mesmo fim, simulou uma doença complicada. Dois meninos de 5 ou 6 anos, na mesa, estabeleceram acordo entre eles de esconder da mãe um pequeno crime de um deles (de ter derrubado vinho na toalha), e com isso impedi-lo de ir ao teatro, que fora prometido só a ele.

Uma menina de apenas 3 anos, cuja mãe proibiu de esmolar comida disse a uma senhora: "Se me desse negará à mãe haver aceitado". É ambiciosa, e, desejando ser bem vestida, disse à mãe: "Aquela senhora me repreendeu por ser indecente". Entretanto não era verdade. Quando foi repreendida por essa nova mentira negou veementemente. Ela mesma um dia negou ter almoçado para ter novo almoço. Este caso é freqüente nos meninos.

5. Senso moral

O senso moral falta certamente nos meninos nos primeiros meses e até no primeiro ano de vida. Por isso, o bem e o mal é o que for permitido ou proibido pelo pai ou pela mãe, mas, alguma vez, sentem por si quando uma coisa seja má. Disse um menino a Perez: "É vil mentir e desobedecer – isto desagrada à mamãe". Dizia um garoto: "Quando choro, mamãe me põe a dormir e então me dá uma almofada". Assim fazem pelas ações morais ou encontram a quem os louve. Um menino de 2 a 5 anos acreditava ter feito bem. Dizia: "O mundo dirá: é um bom rapaz" (Perez). Uma vez um menino de 4 anos que tinha dito mentiras foi punido pela mãe com castigo na adega, mas ele ainda disse: "Merecia bem pior". Ao invés, punido pela avó, com simples abandono num quarto escuro, não se adaptava, julgava-se injustiçado e gritava.

A dor pelo castigo, portanto, nos meninos, varia segundo as pessoas que o aplicam. A idéia de justiça, de propriedade, vem ao menino após haver provado a dor de ser desapropriado e ter ouvido dizer que isto é mau. Odeia geralmente a injustiça, principalmente quando ele próprio a sente. Para ele, ela consiste em um desacordo entre o modo habitual de tratamento e o acidental.

Em circunstâncias novas está em plena incerteza. Um menino levado de sua casa a Perez modificou seus hábitos segundo a nova situação: começou a dirigir a fúria dos gritos e só obedecia a essa fúria. O senso moral é, portanto, uma das faculdades mais suscetíveis de ser modificada pelo ambiente moral. A noção do bem ou do mal que é o germe intelectual dela não se constata antes dos 6 aos 7 meses. Perez viu um menino de 7 meses, cuja mãe tinha ensinado que era errado gritar quanto tomava banho. Ao revés, quanto mais gritava mais se irritava, obstinava e chorava.

O primeiro aceno do senso moral é quando compreendem certas atitudes e certas entonações que tenham objetivo repressivo, quando começam a obedecer por medo ou por hábito. O interesse, o amor próprio, a paixão, o desenvolvimento da inteligência e da reflexão determinam a extensão do bem e do mal e mais, talvez, a simpatia, a força do exemplo, o medo da repreensão; de todos esses elementos se forma a consciência moral. O mesmo pode ser mais ou menos encaminhado segundo as atitudes do caráter e dos acidentes do momento. A filha de Luigi Ferri disse-lhe um dia: "Sinto que hoje não posso ser boa".

6. Afeto

É escassa neles a afeição. Provam simpatias sobretudo pelos rostos belos e por aqueles que procuram um prazer, como por exemplo, pelos pequenos animais que se deixam prender, e antipatia, sobretudo pelos objetos novos que causam medo. Não sentem afeto e também depois dos 7 anos os meninos esquecem a própria mãe, a quem aparentavam amar. Um menino de 4 anos perdeu seu melhor amigo; o pai deste, tomou-o nos braços soluçando, mas ele de súbito lhe disse: "Agora que Pedro está morto, o senhor me dará o seu cavalo e seu tambor, não é verdade?"

Quando alguém acredita no amor deles, no fundo, como as mulheres venais, revelam não ser ligados a nada, a não ser por bens e pela esperança de receber novos, e o amor se vai quando lhe apareça qualquer esperança de vantagem. Há algumas exceções. E você está, anjinho meu, entre aqueles cujos olhos doces, vivazes, brilham ainda no sepulcro e que não parecem desfrutar, mas conviver com os outros!

Mas a raridade dos casos, como dos poucos selvagens, bons, os wedas, os santala, confirma a regra, tanto mais que, quase sempre, exatamente porque exceção precoce de sensibilidade não pode permitir um bom desenvolvimento do organismo.

7. Crueldade

"Esta é sem piedade", disse da natureza dos meninos La Fontaine, o fiel pintor da natureza. A crueldade é, de fato, um dos caracteres mais comuns do menino. Broussais disse que não há quase garoto que não abuse de sua força sobre aqueles que são mais velhos do que ele. Tal é o seu primeiro movimento, mas os lamentos da vítima o detém quando não é nascido para a ferocidade até que um novo impulso instintivo não o faça cometer um novo erro.

Geralmente ele prefere o mal ao bem; é mais cruel que bom, porque experimenta assim maior emoção e pode provar a sua ilimitada potência, e por isso o vê romper com prazer os objetos inanimados. Ele se diverte em cortar animais, matar moscas, bater nos cães, sufocar pássaros, revestir besouros de cera quente, prolongar a agonia de seres vivos por meses inteiros.

Foi um menino que inventou a gaiola de junco e de vime, a ratoeira, a rede para as borboletas, e mil outros engenhos de destruição, disse-me um cientista. Disse ainda o Dr. Blatin que viu engenhosos garotos jogar tênis com pequenos besouros, que eles jogavam de um para outro com a raquete. No mês de julho de 1865, na arena de Monte-de-Marsan, vimos meninos de uns 10 anos lançarem-se furiosamente contra touros quase mortos e matá-los a golpes de espada. Em Múrcia, na Espanha, vimos rapazes descerem na arena e fazerem serviço de matador.

8. Preguiça e ócio

Outro caráter que torna semelhante o menino ao delinquente nato é a preguiça intelectual, o que não exclui a atividade pelo prazer e pelo jogo. Eles fogem de um trabalho contínuo e sobretudo a um novo trabalho a que se sentem desadaptados. Quando constrangidos a um estudo fazem o primeiro esforço, repetem sempre esse, mas evitam outros, pela mesma lei da inércia pela qual não gostam de mudar de atividade ou conhecer fisionomias novas. Isto porque o intelecto nosso sofre com toda sensação enérgica nova, enquanto se apraz com as antigas, ou com as novas que sejam de pouca importância.

Às vezes, não se revela a verdadeira preguiça muscular. Contrasta mas não contradiz com essa tendência, a de mudar continuamente de posto, de ter novas doidices, encontrar-se junto a muitos companheiros, malgrado sejam pouco afeiçoados um com o outro, fazendo orgias, de vozes e movimento, principalmente como foi notado dos meteorológicos, o dia primeiro dos temporais, e não raras vezes nas costas dos velhos, dos cretinos e dos companheiros mais débeis.

Isto, como nos delinqüentes, não contrasta com a preguiça. Eles se tornam ativos diante de um prazer fácil de conseguir em um dado momento. Amam as inovações quando estas não sacrifiquem os miolos e quando satisfazem o prazer do mútuo contato que não tem relação direta com a intensidade do afeto e que exatamente assim se observa nos criminosos.

9. Gíria

Esse hábito tem até introduzido entre eles uma espécie de gíria, com os sinais de mãos diferentes para subtrair-se à pressão dos superiores, que notei em uso nos muitos colégios e escolas públicas, entre meninos de 7 a 12 anos.

10. Vaidade

Também este fundamento da megalomania e da criminalidade nata, que é a variedade excessiva, a preocupação de si mesmo, é enorme nos meninos. Em duas famílias, em que os princípios de igualdade são inatos nos genitores, os filhos ainda aos 3 anos revelavam as pretensões, diferenças de classes sociais, e tratavam com arrogância os pobres.

Uma menina muito taciturna, de medíocre desenvolvimento intelectual, educada por mãe boníssima, cheia de idéias nobres, brincando com a filha da servente, impunha-lhe pretensos serviços e a repreendia. Há nessa atitude um pouco de imitação, mas ainda muita idéia de grandeza.

Os meninos se fazem petulantes desde 7 e 8 meses, dão-se botas e chapéus e lutam por não querer perdê-los. Vi casos parecidos de meninos que se revelaram depois de pouco engenho e pouca precocidade, a 9 ou 10 meses chorarem para que fossem vestidos com determinada roupa vistosa. Um, de 22 meses queria roupa azul, um outro dizia sempre que queria roupa de casamento.

Fazem-se orgulhosos do pai professor, conde, empresário, etc. Há alguns que, mesmo sendo restritos, revelam para as amigas em proporção relevante, para se passar por ricos. Os meninos mais ignorantes não admitem jamais serem repreendidos, geralmente pelos mestres, pela incapacidade. Explicam as repreensões com falsas razões, sempre estranhas aos próprios erros.

Todos acreditam superar os outros nas pequenas operações. Observou Perez um menino que no balanço gritava: "Oh! Vejam como me balanço bem! Como vou facilmente; ninguém pode fazer como eu!". Todavia, os seus companheiros também faziam. Eis aí uma ilusão trazida pelo amor-próprio.

A personalidade no garoto vai até o egoísmo, à presunção, até o pedantismo, e freqüentemente com tendência à simpatia, à ternura e à credulidade o que contribui ao desenvolvimento do senso moral. A idéia da personalidade é apenas esboçada no primeiro ano, como nas feras. Entre os 2 e 4 anos, o sentimento pessoal afirma-se até o exagero. Um garoto de 26 meses gritava por qualquer arranhão. Tomado de amor-próprio, modificou-se, e mesmo golpeado, não se queixava e levava tudo pelo lado cômico. Um dia não quis aprender a ler diante de uma garota dizendo: "Ela ri de mim!"

11. Alcoolismo e jogo

Quem vive na alta sociedade não tem idéia da paixão que têm as crianças pelo álcool, mas na baixa sociedade é muito óbvio observar até os lactentes tomarem vinho e licor com vontade toda especial e os genitores se divertirem em vê-los cair na embriagues (Moreau). Muitas vezes os presidiários me contaram que se embriagavam desde a infância e diante dos genitores. A paixão pelo jogo é uma nota característica da vida infantil.

12. Tendências obscenas

Nem quando limitado pelo desenvolvimento incompleto faltam as tendências obscenas desde a primeira idade, de 3 a 4 anos. Em todos os asilos foram apresentados um ou dois meninos dedicados ao onanismo. Todos os amores anômalos e monstruosos, como quase todas as tendências criminosas, têm princípio na primeira idade.

13. Imitação

Até a forma de caminhar e de falar, escreve Perez, nos meninos, são efeito da imitação, e naturalmente se imita o bem como o mal. Uma menina que tinha o pai irascível, aos 15 meses começava a enrugar a sobrancelha à maneira do pai e gritar a seu modo. Aos 3 anos dizia a um com quem discutia: "Cale-se, você não me deixa terminar a frase", exatamente como o pai. Há portanto imitações morais antes que nós possamos perceber.

Um idiota, disse Gall, depois de ver matar um porco, pensou logo depois em degolar um homem e o degolou. Próspero Lucas cita o exemplo de um menino de 6 a 8 anos que sufocou seu irmão mais jovem. Quando o pai e a mãe entraram e tomaram conhecimento do ocorrido, ele jogou-se nos braços deles chorando e declarando ter desejado imitar o diabo, que tinha estrangulado Pulcinella.

Por pouco, disse Marc, um meu amigo de infância não sucumbiu ao jogo do enforcado. Tendo assistido na cidade de Metz a uma execução, ele e outros companheiros pensaram em imitá-lo. Ele foi escolhido como paciente, outro como confessor e um outro como o carrasco. Prenderam-no no balaústre de uma escada e, como foram perturbados no jogo deles, fugiram, esquecendo o pobre garoto, que teria morrido se alguém que chegou a tempo não o soltasse e o reanimasse.

Os meninos têm em comum com os selvagens e os delinqüentes a mesma previdência: um futuro que não seja imediato ou não pareça assim, não tem qualquer influência sobre a imaginação deles. Ter um prazo após oito dias ou após um ano é igual para eles.

14. Desenvolvimento da demência moral

Do conhecimento dos fatos descritos e narrados, tem-se a natural explicação de como a demência moral se originou só por falta de todo freio nos excessos desde a infância, cujos maus hábitos não interrompidos pela educação, seria como uma continuação. Esses meninos, disse Campagne falando dos candidatos à demência moral, são insensíveis aos louvores e às censuras. Não sentem quando o seu comportamento se torna penoso à sua família. Ficam indisciplinados, descuidados, briguentos. O ócio, o onanismo e o deboche, as excitações de todo tipo são os grandes estágios que percorrem aquela exaltação, dita demência racional, que os leva irresistivelmente à ação.

A crueldade foi notada na primeira juventude de Caracala, de Luiz XI e Carlos IX, que fazia torturar animais. Também de Luiz XIII que amassou entre duas pedras a cabeça de um passarinho, e tanto se irritou contra um gentil homem que lhe era antipático que fingiu matá-lo. Feito rei, divertia-se em assistir a agonia dos protestantes condenados a morte.

Sendo a demência moral e as tendências criminosas unidas indissoluvelmente, explica-se porque quase todos os grandes delinqüentes tiveram que manifestar suas medonhas tendências desde a primeira infância. La Lafarge estrangulava frangos desde criança com grande prazer. Feuerback conta o caso de um parricida que gostava de fazer girar os frangos em torno de si depois de cegá-los. Dumbey aos 7 anos era ladrão. Assaltante B, com 9 anos, já era ladrão e estuprador. Cartouche aos 11 anos era ladrão. Crocco aos 3 anos divertia-se em depenar aves vivas.

Locatelli observou que a tendência ao furto se manifesta na idade mais tenra; começa com pequenas subtrações domésticas e progride. Os assassinos tornam-se tais de repente e também em idade jovem. De outro modo, observou Roussel em sua grandiosa obra *Inquérito sobre a Menoridade - 1883*, no que se refere à França, a prostituição tem uma larga cota de menores: 1.500, por exemplo, em 2.582 prostitutas detidas em 1877. Em Bordeaux, continua ele, notava-se que 461 prostituíam-se por situação familiar ou por corrupção direta (32) dos pais, apenas 14 por perversão de seus instintos, entre outras a filha de um engenheiro e a de um rico presidente.

6. Casuística (de delitos nos meninos)

Eis por que a cota dos delitos nos meninos é mais do que escassa, dos quais apontamos alguns.

1. Vimont, no seu *Tratado de Frenologia* -1838 – fala de um menino de 11 anos que convidou um garoto de 5 para passear em um brejo e chegando lá bateu nele, enfiou-lhe um bastão no reto e depois o afogou. Acusado do crime, não só o negou, mas acusou outros meninos.

2. Em 15.6.1834, na cidade de Bellesme, retirou-se de um poço o cadáver de uma menina de 2 anos. Dois dias depois foi retirado do mesmo poço um garoto de 2 anos e meio. Uma jovem de 11 anos, conhecida por hábitos perversos, não encontrava meninos menores do que ela sem bater neles ou atormentá-los de mil modos cruéis. Ela tinha atirado sucessivamente no poço os dois meninos fazendo-os cair com um empurrão (Moreau).

3. O Tribunal do Júri de Doubs julgou um incendiário de 8 anos que ateou fogo na casa de sua aldeia e tudo isso, como confessou, só para divertir-se e iluminar os meninos (Moreau).

4. Um bandido escocês, condenado por antropofagia, deixou uma menina que aos 12 anos era uma feroz antropófaga. Perguntou ela: "E por que ter desgosto? Se todos soubessem como é boa a carne humana, todos comeriam os seus filhos" (Moreau).

5. A.M., de 11 anos, detido pela oitava vez como vagabundo, declarou que era bem nutrido e cuidado pelos pais, mas que sente necessidade de ser livre e que ele se libertará sempre da mãe se for encaminhado a ela. Está no seu sangue; preferia ficar na casa de correção que ficar na própria casa.

6. Em Lagny, dois meninos, um de 13 anos, outro de 10, tendo motivo de rancor contra um seu companheiro de 7 anos, convidaram-no a nadar na margem do Marne, em lugar afastado. Jogaram-no em lugar profundo e a golpes de pé e de pedra repeliram a tentativa de salvá-lo. No dia seguinte, um deles, o menor, confessou a verdade (Moreau).

7. Aos 13 anos, B.A., braquicéfalo, índice 87, oxcéfalo, com olhos oblíquos, zigomas salientes, mandíbulas volumosas, orelhas de asa, com papo, feriu mortalmente com um facão no coração um companheiro que lhe negou dinheiro vencido no jogo. Com 12 anos já era encontrado nos prostíbulos. Seis vezes foi condenado por furto. Tinha um irmão ladrão, uma irmã meretriz e a mãe criminosa. Era religioso, pois freqüentava ao menos as igrejas, mas nunca disse ao confessor os delitos cometidos.

8. Mainero, um menino de fisionomia precoce e desenvolvimento escasso, uma vez que aos 12 anos aparentava 6; altura de 1,24 m, orelhas de asa, zigomas salientes, olhos

vivos, aos 8 anos começou a roubar. Neto de um assassino, gabava de tê-lo seguido nos golpes dele e ter organizado bando de ladrões das esmolas das igrejas, e ter roubado amiúde a parte que pertencia a seus cúmplices menores, o que deu causa a eles para que o denunciassem.

9. L. B., de Gênova, crânio amplo, fronte estreita, tatuado no braço com a frase: "Morte aos vis, e viva a aliança" (roubou desde os 8 anos). Gatuno, tem sete irmãos, dos quais três estão presos.

10. Um certo G., de família honesta, com 7 anos começou a roubar na escola, espoliando até os professores. Teve uma irmã suspeita de furto e litigiosa. Chegou a simular perante a justiça mau tratamento, para fazer encarcerar seus pais.

11. Um menino, L.P., aos 19 anos se mostrou estelionatário habilíssimo, ladrão com tentativa de homicídio, perfeita apatia moral, estatura alta, testa pequena alongada, sem barba, nariz desproporcional e recurvo. Filho de alcoólatra e mãe lasciva, com avô materno suicida. Com a idade de 3 anos, andando com serventes no mercado, começou a roubar cestas de dinheiro, peixes, frutas, e seguiu roubando em casa, depois na escola.

12. O bandido antropófago F. Salvatore, de Catânia, que, por três vezes, simulou demência, me deixou em lembrança escrita como já nos 6 anos roubasse dos pais as refeições, para dar aos companheiros. Mais tarde, aos 9 anos, roubava do restaurante peças inteiras de queijo. Em uma lide por jogo com um amigo, arrancou-lhe um pedaço da orelha, malgrado o pai fosse honestíssimo e o castigava por santas

razões para corrigi-lo. Aos 14 anos feriu com um facão gravemente um companheiro de jogo. Com falsa chave roubou o dinheiro do pai. Aos 19 anos matou um homem.

13. De uma mãe histérica de grande talento e pai também talentoso mas bizarro e abusador do trabalho, dois tios, um capacitado, outro alienado, derivaram quatro filhos: um honestíssimo, um excessivamente lascivo, suicida após o homicídio cometido por paixão; um bravíssimo nas negociações mercantis, desde jovem avesso a qualquer estudo; um outro menino raquítico com fronte estreita, foi ladrão tão tenaz a ponto de roubar até o relógio e os objetos que encontrava na casa dos pais. Aos 16 anos se fez honesto, talvez pelo grande cuidado da mãe. Tornou-se habilíssimo nas negociações.

14. Entre dois meninos cegos encontrados em um instituto privado ocultava recíproco mal-estar. Uma tarde, passando a conversar, chegaram às vias de fato. O mais débil, porém associado a outro companheiro que antes havia prevenido, dominou seu adversário: enquanto um o segurava pelas pernas, ele o esganava, tanto que o teria matado se o barulho não tivesse feito acorrer outras pessoas. Este é de 12 anos, filho de um cidadão honesto, embora ignorante. Descurado na sua educação, foi abrigado com 8 anos e demonstrou memória extraordinária, a tal ponto de recordar-se de uma lista de nomes na ordem em que foram pronunciados.
Entretanto, a educação conseguia amansar só em aparência o seu gênio orgulhoso e selvagem. Logo se fez notar que não só reagia com os companheiros pela menor ofensa, mas também pelas admoestações infringidas pelos superiores, que, para ele, eram sempre injustas. Para causar danos aos objetos do instituto, uma vez foi visto por tal motivo jogar uma meia na latrina.

Várias vezes, tentou suicidar-se de várias maneiras. Tinha estranhas práticas religiosas; quando ia passear, às vezes caia de joelhos. Não queria comer gorduras em dias de vigília, apesar das concessões eclesiásticas. Quando queriam levá-lo à missa fora das festas recalcitrava, apelando até aos insultos.

Cometido porém o ato antes narrado, embora não mostrasse arrependimento e dissesse que estava pronto a cometer outra vez o delito, suportou calmamente a prisão. Porém, encontrou modo de comunicar ao companheiro com um alfabeto cujas letras eram representadas por golpes. De cor pálida, era sujeito a freqüentes convulsões nos músculos das faces, dos dedos e do tronco. De cabelos loiros, orelhas de asa.

15. B.R., de 7 anos e meio, morena, indolente, estrábica, macrocéfala, de mãe desorganizada e pouco benévola à filha e nada afeiçoada ao marido doentio, pegava em casa laranjas e confeitos que vendia por dinheiro. Comprava brinquedos com dinheiro roubado da casa da mãe. Deu uma vez duas liras, outra vez 50 centavos, a uma companheira para ter uma medalha. Tirou da irmã uma moeda de ouro de vinte liras e mostrou-a à companheira dizendo tê-la ganho de presente; depois recolocou-a no lugar, com medo de ser descoberta. Quando soube que seria interrogada advertiu a companheira para que dissesse a história ao seu modo e inventou uma fábula.

16. *Obscenidade* – Já tinha dito que não faltam aos meninos casos de precoce obscenidade. Há muito tempo eu tinha observado que todos os casos de forma monstruosa de amor sexual (menos os originados da decrepitude) são iniciados na idade impúbere e junto com outras tendências criminais.

Tal era o caso de B, ladrão que aos 9 anos estava sujeito a contínuas ereções e estímulos de tal modo exagerados a ponto de conduzi-lo ao estupro quando via roupas íntimas. Ele já apresentava esse estranho sintoma na primeira infância, aos 3 ou 4 anos, quando andando no reformatório via seus colegas com aventais brancos. O contato com roupas brancas provocava-lhe prazer como se fosse o contato com outra mulher. Foi esta a causa de outros estupros e da necessidade contínua de coito e para satisfazê-lo terminou como ladrão.

Ele foi atingido, quando criança, na cabeça por um forte trauma e sofreu longamente com ele, e como de hábito, descendia de neuropáticos; a mãe sofria de emecrania, a irmã era histérica, o avô morreu de queda de ânimo em seguida a um desastre financeiro, a avó morreu envenenada, um primo é semi-imbecil, um irmão balbuciante.

Não se pode acreditar, a princípio, da veracidade das suas confissões, por se tratar de um criminoso que pode ter seus interesses em uma simulação, quando me vi em duas histórias de Magnan e Charcot, que oferecem tanta analogia com a minha interpretação, provavelmente não tão seguras.

17. Ouvi falar de um camponês de 37 anos, com pai alcoólatra, tio alienado, mãe e irmã nervosas e melancólicas, um irmão demente, ele mesmo com problemas cefálicos. Aos 15 anos, vendo secar ao sol, um avental branco, apossou-se dele, enrolou-o no corpo e se masturbou. Depois daquele dia, não podia ver aventais sem usá-los com o mesmo objetivo, jogando-os fora após. Quando via alguma pessoa com avental, não se excitava, mas à vista dessa cena seguia atrás dele para derrubá-lo.

Em 1861 os pais o puseram na marinha, e, de fato, não vendo aventais se acalmou. Todavia, em 1864, retornando à vida antiga, repetia a estranha tendência e roubou outra vez um avental. À noite, pensa nele, ao dia, imagina-o tal como lhe apareceu pela primeira vez e se sente levado a roubar aquele e não outros. Poderia ter à disposição milhares de coisas, mas só pegaria aventais. Por quatro vezes foi condenado a breve pena por furto.

18. Singular foi o caso de M.X., de 14 anos, que tem fimose e prepúcio mais longo que a glande, nascido de genitores neuróticos, quase dementes. De inteligência precoce desde criança. Já lia com 3 anos, mas débil de força, de 6 a 8 anos era dotado do hábito instintivo estranho, de olhar os pés das mulheres, para verificar se não havia prego no sapato delas, e a vista daqueles pregos o enchia de extraordinário prazer.

Apossava-se dos calçados de duas de suas primas para contá-las e recontá-las. À noite, na cama, pensava no sapateiro que os fazia e na tortura de uma garota em que os pregos entravam no pé, como nos cavalos, e, ao mesmo tempo, se masturbava. Foi então este o ponto de partida quase predominante, se bem que preferia a vista dos sapatos de mulheres às relações sexuais. Foi preso enquanto se masturbava em frente a uma sapataria.

Faz ajustar a imaginação à verdade desses amores paradoxais, a analogia com outros descritos por mim nos alienados, e, o que é principal, a analogia recíproca. Todos esses amores se notam em neuropáticos, e muito nos criminosos, por aproximação, e sempre ou quase sempre, masturbadores. Em todos se vê, como ocorre nas manias impulsivas e nas idéias sistematizadas, uma dada sensação que os atingiu no momento da infância, enquanto nos demais favorece a ereção como desejo secundário, por associação de idéias que substituem a idéia-mãe e pouco a pouco age como certos vírus, não só fixando, mas invadindo o organismo até dominá-lo, a tornar-se irresistível, impelindo até a atos criminosos.

19. *Amor precoce* – E todos esses amores se formaram ou germinaram ao menos na primeira infância. O primeiro desde 3 ou 4 anos, sendo a precocidade um outro de seus caracteres. A inversão do senso genital foi notada quase sempre precocemente aos 8 anos, por exemplo, no doente de Wetfalia. Eis novos exemplos.

P.R. começou a sentir o impulso para desfrutar a vista de homens nus, mormente de sua genitália e desde então tentava vestir-se de mulher. Desde essa hora manifestou-se a tendência aos furtos. Um dia, por exemplo, roubou um tinteiro do professor. Nasceu de um pai velho e teve uma avó excêntrica. Adulto, era bastardo, prognato, mas com orelhas volumosas.

20. Uma menina, que eu tive sob tratamento, precocíssima na fisionomia, filha de mulher honesta, mas de avó lasciva, primo criminoso e avô alcoólatra, manifestou desde os 13 anos tendência à masturbação, sem ceder às censuras, nem às ameaças, nem ao tratamento médico. Ao invés, do mesmo instrumento que adotava para injetar anafrodisíaco, usava para se masturbar.

21. De um pai convulsionário, epiléptico, de família de neuropáticos, nasceu uma senhora pequena, dolicocéfala, inteligente, menstruada aos 12 anos. Com 8 anos, instruída por uma colega, começou a masturbar-se e continuou assim também após o matrimônio principalmente quando grávida. Teve doze filhos, dos quais cinco mortos precocemente, quatro mal constituídos na cabeça, hidrocéfalos, com deficientes disposições morais, impetuosos e violentos. Um deles, inteligente, com 7 anos se masturbava com muita insistência, e outro, tardio de inteligência, desde a idade de 4 anos e meio.

22. Zambaco nos descreve uma menina dominada por estranha paixão onanística e criminal. N.R., desde a idade de 10 anos, com ar de maturidade precoce na fisionomia e no trato, vaidosa, orgulhosa, prepotente nos jogos, fazia-se perdoar as violências com as carícias e amabilidades, especialmente com os meninos que preferia. Desde os 5 anos mostrou tendências ao furto, até por objetos que poderia obter facilmente, mas negava obstinadamente os furtos.

De imaginação quente, amava a beleza, mas desdenhava Deus. Com 8 anos começou a sofrer de leucorréia (corrimento branco), que se atribui ao oxiúro, junto com o emagrecimento. Notou-se desde então que procurava isolar-se em uma cabana com meninos para jogar, mas, em vez disso, masturbava-se com eles.

Aos 9 anos, as excessivas masturbações provocaram inchaço da vulva. Experimentou as chicotadas, mas estas a tornaram estúpida, falsa e feia, sem proveito. De nada adiantou a camisa de força, nem a água fria, com que tentava primeiramente acalmar-se. A parte superior do corpo emagrecia, mas a inferior desenvolvia mais. Bolinava-se diante das outras e dizia: "Por que me privar de um prazer tão inocente?". E depois: "Sei que é inconveniente, mas não posso fazer de menos". Às vezes se arrependia, chorava ao ver as lágrimas da mãe, mas depois era tomada de novos acessos. Enquanto um padre a aconselhava, ela se masturbava com a sotaina. Chegou a queimar o clitóris, mas inutilmente. Dizia ela: "É horrível ter vontade de fazer e não poder. É para tornar louco qualquer um. Seria capaz de matar quem me impedisse. Naquele momento sou prisioneira de uma vertigem. Nada vejo, nada temo para fazê-lo".

Recordo-me de J uma doméstica que se masturbava quando menina. Mais tarde a mestra proibiu-a de tocar a púbis, o que aguçou sua curiosidade. Daí por diante tocava-se sem prazer mas por pura curiosidade. Depois se imaginou estar doente e, por divertimento aplicou cataplasma e esfregava com um bastão as partes pudendas. Depois, os desejos lhe vieram em horas determinadas. Corrompeu a irmã que tinha 4 anos e que não sentiu prazer a não ser quando atingiu 8 anos. Depois se depravou com meninos.

23. Esquirol e Marc narram dois casos curiosos em que junto com as tendências obscenas, e em parte por causa destas, manifestavam-se as veleidades matricidas. Uma menina descrita por Esquirol era lúcida e de inteligência precoce, dando-nos assim um exemplo completo de demência moral e de criminalidade. Era vivaz no aspecto, de cabelos castanhos, nariz achatado, mostrou-se desde os 5 anos preocupada com a idéia de matar a mãe, para poder livremente mesclar-se com os meninos.

A mãe, estava adoentada pela dor, e ela lhe confessou que a sua morte não a desagradava, pois assim poderia entrar na posse de suas coisas.

— "Quando despregarem seus vestidos, o que farei? Com seu dinheiro comprarei outros. E depois? Andarei com os homens.

— Você não sabe o que é a morte. Seu eu tivesse que morrer nesta noite, ressuscitaria amanhã. O Senhor não morreu e ressuscitou?

— O Senhor ressuscitou porque era Deus, mas você não ressuscitará; a minha irmã morreu e não voltou mais.

— Como farei para morrer?

— Se você andasse numa selva eu me esconderia no mato, sob as folhas e na hora que você passasse faria com que caísse e lhe meteria um punhal no coração.

— Não pense que eu não andarei nunca em um bosque para fazer-me matar!

— Ah! mamãe, isto é para mim de enorme desprazer. Poderei à noite matá-la com um facão."

— "Por que você não fez isso quando estava doente?"

— "Mamãe, porque você estava continuamente guardada."

— "E por que não o fez depois?"

— "Porque você tinha o sono leve e pelo medo de que você me visse pegar o facão".

— "Mas, se você me matasse, não teria minhas coisas, pois tudo ficaria para teu pai".

— "Ah! Sei que infelizmente papai me faria parar na prisão, mas a minha intenção é matá-lo também."

24. E realmente Tamburini e Seppilli nos falava de um certo tipo a quem a força junta vários desejos. Certo S., neto e filho de assassinos e estupradores, com crânio assimétrico, perfeita analgesia, para poder ter dinheiro para uma vida sensual em que era precoce e para não ser constrangido a retornar à rude vida dos campos, envenenara o pai, e pensou em matar uma mulher que o tinha denunciado. Matou também o irmão e tudo fez com tal habilidade que ninguém teria suspeitado se não se traísse em suas memórias: era um imbecil moral.

E ainda bem que se pode dizer que estes são casos de demência: que esses observados como adultos, seriam absolutamente considerados criminosos. De qualquer modo, provam não poder colher-se na primeira revolta deles a diferença entre o delito e a demência.

7. Sanções e Meios Preventivos do Crime dos Meninos

Fica então demonstrado que em uma certa cota de criminosos a raiz do crime remonta desde os primeiros anos do nascimento, intervenham ou não causas hereditárias, ou para dizer melhor, que se há alguns causados pela má educação, em muitos não influi nem mesmo a boa. A sua grande ação benéfica surge exatamente do fato de ser geral a tendência criminosa no menino, de modo que sem essa educação não se poderia explicar a normal metamorfose que acontece na maior parte dos casos.

De resto, entendemos por educação, além das simples instruções teóricas que raramente ajudam, também aos adultos, para quem vemos tão pouco apontar a literatura, os discursos, as artes ditas moralizadoras. Menos ainda, a violência, com que mais e mais se realçam os hipócritas, transforma não o vício em virtude, mas o vício em um outro vício. Há realmente uma série de movimentos reflexos substituindo lentamente outros que foram causas diretas ou ao menos favoráveis à manutenção das tendências maldosas, e isso por meio da imitação, dos hábitos gradualmente introduzidos com a convivência com pessoas honestas e com precauções bem orientadas para evitar que surja em terreno adequado à proliferação de idéia fixa que vemos tornar-se tão fatais na infância.

Também a sanção aqui não se mostra tanto eficaz como certos meios preventivos, tais como condições favoráveis do ar, da luz e de espaço, de alimentação, com prevalência, por exemplo, de vegetais nas privações sanguinárias dos alcoólatras, abstinência completa e, em determinados casos, de prudente ginástica sexual.

Ocorre evitar os fáceis ciúmes para impedir a violência impulsiva, acalmar o orgulho precoce com provas palpáveis e tão fáceis de revelar a humana espécie infantil, inferioridade, cultivar o intelecto por via dos sentidos e do coração, como faz admiravelmente o sistema Froebeliano. Há crianças tristes, violentas, masturbadoras, porque estão doentes de raquitismo, de oxiúros, etc. e a cura hematológica ou vermífuga só é feita por correção.

Impedir a conjunção fecunda dos alcoólatras e dos criminosos seria pois a única prevenção do delinqüente nato, que, quando é tal, como se vê em nossa história, nunca se mostra suscetível de cura. Se com Bargoni, com Benelli, com Roussel, com Barzillai e com Ferri encontramos censuráveis casos de correção, que com triste discussão poder-se-ia dizer de oficial correção, acreditamos que seria de enorme vantagem do país, em vez do manicômio criminal, melhor ainda seria uma casa de abrigo perpétuo de menores afetados pelas tenazes tendências criminosas e da demência moral.

Para esses, o manicômio criminal torna-se útil quase tanto e mais do que nos adultos, pois sufoca no nascimento os efeitos das tendências que não levamos em consideração a não ser quando se tornam fatais. Essa idéia não é algo novo ou revolucionário. Sob uma forma mais radical e menos humanitária, a Bíblia já a havia ordenado ao pai apedrejar o filho maldoso. A educação pode impedir os que nasceram bons de passarem da criminalidade infantil transitória para a habitual. Os que nasceram maus nem sempre se conservam maus.

8. Das Penas

*1. Os primórdios das penas – 2. Vingança privada
3. Vingança religiosa e jurídica – 4. Prepotência dos chefes.
Delitos contra as propriedades – 5. Transformação da pena.
Duelo – 6. Castigo. Restituição – 7. Outras causas da
compensação – 8. Posses Patrimoniais – 9. Chefes
10. Religião – 11. Seitas – 12. Antropofagia jurídica
13. Conclusão*

1. Os primórdios das penas

De tudo o que temos exposto, começa a se ver como as penas se originaram: por meio do próprio abuso do mal e graças a novos delitos. Não havendo ainda conceito do delito, não se sonhava sequer com as sanções penais. A vingança era não só permitida mas, antes, um dever. Nas ilhas Caraíbas, a administração da justiça não era feita pelo príncipe; a pena se reduzia a uma vingança pessoal do ofendido e de seus amigos: quem se crê lesado faz justiça como pode e não deixa que outros se intrometam.

Do ponto de vista sociológico, os indígenas da Califórnia seriam quase exemplos para os fulganis. Vivendo ainda na anarquia igualitária, eles não conheciam outros direitos a não ser os dos mais fortes. Todos os vícios, todos os delitos ficam sem punição, e, antes, no pensamento deles, não há vícios nem há delitos. Cada um deve defender-se como puder. Assim descreve o jesuíta Baegert, que viveu entre eles por dezessete anos. Entre os tonganis, escreveu Mariner, não há palavras para exprimir a idéia de justiça e de injustiça, de crueldade e desumanidade. O furto, a vingança, o rapto e assassinato, não são considerados por eles, em muitas circunstâncias, como delitos.

2. Vingança privada

Os árabes beduínos não querem que o homicida seja ferido pelo soberano; querem fazer guerra a ele e à sua família e atingir aqueles que eles escolherem, de preferência o chefe da família, ainda que ele seja inocente. Os abissínios entregam o matador ao mais íntimo parente do morto, que pode puni-lo ao seu bel talante. Entre os curdos, se ninguém lamentar um homicídio, este fica ordinariamente impune; ou são os vizinhos que devem obter a reparação; todavia, é mais honroso vingar-se por si mesmo do que recorrer à justiça.

Entre os kurangos, o homicídio é punido com a morte do homicida, mas o condenado pode sempre se resguardar, indenizando os amigos e parentes do morto; a questão é considerada individual, sem que alguém pense no interesse social. Este conceito tornava a justiça dessa forma grosseira, e ainda existia em vários locais da África. Não há mais delito mas apenas danos ao chefe ou a um particular.

Os australianos sentem com grande violência a paixão da vingança que eles satisfazem indiferentemente em cima de qualquer membro da tribo a que pertence o ofensor. Se, por exemplo, um indígena foi ofendido por um branco, basta-lhe a vingança sobre outro branco qualquer. Pelo visto, como toda morte deriva de um malefício causado e deve ser vingada, explica-se essa contínua série de deveres sanguinários que devem ser cumpridos. Cada um exerça por si a reação e a sanção penal; só mais tarde passou a exercê-la de acordo com sua tribo. A vingança a que se reduzia essa reação era um dever religioso e cívico.

3. Vingança religiosa e jurídica

A vingança era a paixão dos deuses de Walhala, do deus dos hebreus e tantos outros. Gudruna, que para vingar os irmãos mortos por Átila, matou um filhinho dele e o fez comer o coração, era tomado como modelo de virtude. Na Bíblia, reconhece-se, entre pessoas privadas, o direito e o dever de vingar o sangue, isto é, a morte de parente próximo, ainda que por imprudência. Nas leis germânicas mais velhas dá-se uma autorização ilimitada à vingança. Nas leis bárbaras vê-se a vingança ser tomada como medida oficial. Também a pena, como nos animais e nos selvagens, começa com o caráter de vingança, ou seja, como espécie de delito. A reação contra o mais forte e prepotente impele a vingança por associação e se estas triunfam, o delito torna-se um instrumento moral.

Porém, esta vingança não era justiça; era uma reação que variava exatamente de acordo com a gravidade da ofensa e, o que é pior, da suscetibilidade da vítima e de seus parentes e amigos. Depois, quase sempre se reduzia à morte ou ao talião, olho por olho, dente por dente (Deuteronômio), mutilação dos dedos ou à restituição do objeto furtado.

4. Prepotência dos chefes. Delitos contra as propriedades

Assim como a vida humana tem pouco valor para os povos primitivos, a morte despertava reação menor ou nenhuma, nem se tornava um crime grave, se não fosse perpetrada contra um chefe ou um sacerdote que representava Deus na terra, ou então, se tivesse sido causada por um estranho à tribo. Vice-versa, ela não era nunca considerada gravemente delituosa se fosse causada pelo chefe ou pelo sacerdote.

Um quimbundo que matou um escravo pagou o seu delito sacrificando um boi, cujo sangue lavou o derramado pelo escravo. Na África, entre os achantes, matar um escravo é ação totalmente indiferente, mas o homicídio contra um grande personagem atrai para o assassino a pena de morte, permitindo-se ao culpado matar-se. Ao revés, não se punia nunca com a morte um dos filhos do rei, qualquer que fosse o seu delito.

Nas ilhas Fidji a penalidade jurídica vinda da hierarquia que dominava a sociedade, e a gravidade de um delito varia segundo o grau social do culpado, como nos estatutos medievais. O furto cometido por um popular é muito mais grave do que o homicídio cometido por um chefe.

Uma vez porém, com o crescimento do nepotismo e pela força das armas nas invasões guerreiras, em vez da tribo, os chefes se fizeram proprietários de tudo. O furto contra eles, pela primeira vez, tornou-se delito, e como eram eles que ditavam e aplicavam as leis, tornou-se o maior dos delitos. Do mesmo modo que o adultério, quando era a dano deles e caso pessoal, passou depois a ser aplicada a ele a medida punitiva e também quando se tratava de outras pessoas. Por isso o furto é quase sempre olhado como mais criminoso do que o assassinato desde que não implicasse a propriedade e os interesses dos chefes. Como bem observa Ferri, há raças, como a dos daiachis, para as quais o homicídio é a defesa da honra, enquanto têm horror ao furto e à mentira.

No Código de Manu se declara a morte por qualquer delito secundário, igual ao de desfolhar uma planta. Ordenase cortar em pedaços a navalhadas o ourives que adultere o ouro, porque na Lei das Doze Tábuas condena-se à força quem à noite cortasse as searas, e o incendiário à fogueira. Permitia-se cortar o corpo dos devedores inadimplentes e era lícito ao pai matar o filho. Por 300 moedas alguém podia ser absolvido por ter quebrado osso de um homem livre e 150 de um servo (quem não pudesse pagar não escapava da pena).

Na Polinésia estabeleceu-se uma grosseira moralidade: o furto e o adultério eram tidos como maiores delitos e punidos freqüentemente com a morte. Na Nova Zelândia decapitava-se o ladrão e a cabeça era dependurada numa cruz. Entretanto, como os chefes centralizavam a justiça, eles não a exerciam, a não ser se os crimes fossem cometidos contra eles. Na África, entre os cafres, o furto era realmente punido com castigos e também com a morte, como também o adultério. Por outro lado, a vida humana era muito pouco protegida: o marido podia matar a mulher por motivos fúteis. No Tibete, o ladrão podia tornar-se escravo da vítima do roubo. Em Lobuk e entre os astecas o furto era punido com a morte. Na América, entre os guaranis, dois delitos são severamente punidos: são as duas formas de atentados à propriedade: o furto e o adultério. Na Ásia, entre os mongóis, os tibetanos e os birmaneses, o furto era considerado como crime mais grave do que o homicídio.

5. Transformação da pena. Duelo

A vingança e a pena, confundindo-se uma com a outra, reduzia-se a um ferimento tal que bastasse para ressarcir a vítima ou seus amigos, ou a dor causada ao ofendido. Mas, aplicava-se naturalmente, segundo os impulsos e instintos de cada um e de acordo com o dano.

Assim como provavelmente as reações sempre maiores que se sucediam, uma à outra, teriam terminado por extinguir a tribo, esta, para poder durar na sua estrutura, estabeleceu uma lei ante essas reações e essas vinganças infinitas; diria um rito que tinha muito das primitivas, mas que apresentava já uma mitigação, uma forma ordenada. É assim que vemos no Taiti o homicida ser atacado pelos amigos da vítima; ele se defende com o escudo, e, se for vencido, todas as suas posses tornam-se presa deles. Evidentemente, há nisso a reprodução radicalizada da vingança pessoal.

Algumas vezes, são em muitos a aplicar essa pena; um, por exemplo, feriu traiçoeiramente em duelo um membro da tribo vizinha enquanto este se abaixava para colher a arma; depois, cansado da vida de vadiagem, ofereceu-se à punição. Cinco amigos da vítima, a quinze passos de distância, tentaram golpeá-lo com a lança; quando ele foi atingido em uma perna declarou que a reparação era suficiente e o ferido se retirou junto à sua tribo.

No mesmo dia, cinco mulheres apareceram naquele local, fizeram um semicírculo, com porrete na mão. Surgiram depois três homens armados de escudos; eram eles acusados de assassinato em uma tribo vizinha. As mulheres deveriam receber, como punição, golpes na cabeça, mas quatro delas só fizeram simulação. A quinta mulher, mais culpada, foi esbordoada seriamente. Lesson viu uma acusada de feitiçaria ser golpeada na cabeça de modo a ficar quase morta (Hovelaque).

As punições assumem papel de rixas, ou melhor, em duelos ou de batalhas, que nesses países são formados. As tribos se comunicam primeiro, fornecem armas ao adversário; a um sinal atiram-se as azagaias; após um certo número de mortos se dão as mãos e terminam. Ou, às vezes, lutam até o fim. Como se viu, as primeiras formas de penas legalizadas foram, de fato, duelos ou batalhas contra um culpado presumido como se nota nos animais: rixas de um ou de poucos, transformadas depois em rituais jurídicos.

6. Castigo. Restituição

E mitigando sempre mais os ânimos e tornando a vida humana mais precisa e, ao mesmo tempo, preciosa a propriedade, acabaram por encontrar a compensação não mais nos ferimentos, mas na restituição garantida à tribo. E, em compensação, seguem-se as mesmas normas da vingança; variava assim, segundo o grau social do ofensor e do ofendido. Entre os assinos e os acantis, quem roubasse estava sujeito a multa. Também no Tibete aplicava-se a pena, ou melhor, a multa aos parentes do ladrão.

Os acantis prendem quem rouba o rei, quem abusa de suas escravas ou condenam à morte quem violar suas mulheres e quem acusa falsamente. Quem mata um escravo, paga o preço ao proprietário dele, quem matar um homem livre de classe inferior paga o valor de sete escravos e também quem destruir um marco de fronteira. Para um furto de pouco valor, se for abastada a família do réu, ela será responsabilizada; esta poderá matá-lo se for incorrigível.

Quando o ser humano não possuía como seu a não ser o próprio corpo, a compensação por todo delito era a morte ou a ferida em duelo, mas quando se muniu da propriedade, e considerava-se no delito, mais do que tudo, o dano causado, encontrou-se nos valores a compensação mais vantajosa. Vemos ainda que, entre os afegãos, doze mulheres eram a compensação por um homicídio, seis a mutilação da mão, da orelha ou do nariz, três por um dente. O Alcorão prescreve vinte camelos por um homicídio, e, na Bíblia, quem roubou um boi é condenado a pagar cinco se já o perdeu e dois se ainda o boi estiver vivo.

7. Outras causas da compensação

Para a transformação da vingança em compensação contribuiu o próprio exagero da vingança. Entre os gracas, a vingança era permitida por um ano e meio aos parentes e aos presentes ao delito. Depois de transcorrido esse tempo, não sobrava outro meio de vingança a não ser a via judiciária. Permitia-se a vingança pessoal como uma explosão de cólera; porém, quando era passado um certo tempo, só sobrava o dano pessoal, que deveria ser compensado. Também na menos remota legislação do gulathings e nas leis irlandesas podia-se vingar com a morte algum dano ou ferimento, desde que não estivesse cicatrizado; quando se tratasse só de contusão, não se poderia vingar a não ser naquele momento. Por isso se vê que se o ferimento era leve, começava, a um certo ponto, a subtrair-se à vingança, que era naturalmente proporcional à causa.

Assim a lei mosaica permitia ao vingador matar o homicida, ainda que fosse o crime apenas culposo, mas depois provia três cidades de asilo a favor do culpado. No Fuero Juzgo espanhol não se permitia a pena de *talião* aos delitos do chefe porque a reparação excedia à ofensa. E não se concordava ainda se o defunto não contasse com um parente muito desprovido de meios.

8. Posses patrimoniais

Sobretudo contribuiu a vantagem sobrevinda e a posse de uma propriedade, com a qual se poderiam compensar mais proporcionalmente os danos. Essa disposição, por sua vez, aumentou o poder dos chefes, que eram competentes para determiná-los e infringi-los. Uma vez introduzido o uso da compensação, em vez da vingança, para o homicídio vinha naturalmente a intervenção da terceira pessoa da autoridade, que devia fixá-la. Vinha também a extensão do mesmo sistema a todos os outros delitos, que sempre se resolvem na apreciação de um dano real.

9. Chefes

Adicione-se que foram mantidas as penas quando os privilégios que tinham os chefes e os sacerdotes se mudaram para as compensações. No Tibete, o rico pode remir um homicídio, pagando indenização ao rajá, aos grandes funcionários e à família do morto. Se for pobre, o homicida pode ser atado ao cadáver da vítima e jogado na água. Em Uganda, era condenado à morte quem deixasse aparecer a perna ao sentar diante do rei, ou não estivesse vestido de acordo com o protocolo, ou se tocasse no rei e nas suas vestes ou no trono.

Nota-se em tudo isso a influência do poder despótico, que, uma vez iniciado, atinge o absurdo, mas parece certo que muitos desses delitos de lesa-majestade tivessem sido inventados pelo rei, como mais tarde se viu com os Césares. Conta Speke que um oficial não estava na Corte vestido com elegância, e poderia perder a cabeça, mas, entretanto, a pena foi substituída por uma multa em animais, como cabras, galinhas, etc.

10. Religião

Como sempre, a religião atua para usufruir e perpetuar o uso e assim foi a primeira a prevalecer-se mais do elemento teocrático do que o do guerreiro; essa perpetuação veio até nós. Em seguida, o instrumento mais poderoso à reação contra os delitos, bem entendido, sempre tendo como preferência os delitos supersticiosos, que, para nós, não seriam nem mesmo contravenções, foram, depois dos chefes, os sacerdotes, freqüentemente também considerados médicos e adivinhos. Isolados ou aliando-se aos chefes, tomavam como pretexto não só todo delito ou pecado, mas também todo desastre, toda morte, toda estação do ano, para mostrar que devia haver algum pecado para ser punido. Escolhiam uma vítima, perseguiam os culpados verdadeiros ou supostos, e acrescentavam a própria autoridade – e em meio a toda injustiça, freqüentemente condenavam o verdadeiro réu.

No Código de Manu, o rei era autorizado a dar aos brâmanes todos os produtos das multas. O costume dessas multas deve ter sido bem forte, tanto que já na Bíblia se encontram as palavras "pecado" e "culpa", sinônimos de "sacrifício" que se faz para o pecado e para a culpa. Dessa influência teocrática, os famosos "Juízos de Deus" medievais, com singular uniformidade foram adotados por todos os povos primitivos. Quando faltavam testemunhas autênticas, como não podia parecer justo às populações que confundiam a religião com a justiça, e os juízes com os padres, referia-se a Deus, chefe dos chefes, que governa o destino dos seres humanos. Na Antígone, de Sófocles, alguém demonstra não ser cúmplice de um delito ao empunhar um ferro quente e atravessar as chamas.

11. Seitas

Algumas vezes contribuí para essa transformação e para a introdução da pena o surgimento de alguma associação secreta, muitas vezes com aparência religiosa, comuns nas raças pouco evoluídas e nos países mal desenvolvidos e oprimidos pela tirania. São, ao menos, os débeis, que tocados pelo desejo de reagir contra a prepotência dos mais fortes, cometem delitos que, no fundo, são aplicações grosseiras da pena, instrumentos espúrios mas eficazes da moral e por isso acaba muitas vezes por triunfar.

Assim ocorreu, a princípio, com a Camorra, que era uma espécie de defesa dos prepotentes regimentais contra os prepotentes anarquistas. E assim foram na África os sindigis, associações secretas para fazer os devedores pagarem. Essas associações aparentemente moralizadoras, no fundo, são criminosas.

12. Antropofagia jurídica

Mais brutal, certamente, mas da mesma forma injusto e criminoso é o outro meio de repressão que foi a antropofagia jurídica, como a chamou Letourneau. Assim, vemos como os adúlteros, os ladrões noturnos e outros desse tipo, eram, entre os batas, condenados a serem comidos pelo povo. A sentença era inapelável, mas podia ser retardada dois ou três dias para ser executada no local em que acorresse o público. Para o adultério, poderia ser retardada até quando os parentes das partes pudessem tomar parte no festim. O marido tinha direito ao melhor pedaço.

O condenado era dependurado numa estaca e a um dado sinal a multidão se precipitava sobre ele esquartejando-o com machado ou cutelo, ou só com unhas e dentes. Os pedaços arrancados eram devorados imediatamente, crus e sanguinolentos: eles eram molhados com uma mistura preparada antes em uma cuia de coco e feita com suco de limão, sal, etc. Nos casos de adultério, o marido tinha direito de escolher o primeiro bocado. E tanta era a briga que muitas vezes uns feriam os outros nos choques.

Também nas Ilhas Bow se devoravam os assassinos e este é o costume da Polinésia, onde foi constatado o canibalismo jurídico, que, segundo Bourgarel, praticava-se também na Nova Caledônia, como vingança pública, contra os condenados à morte, e que, segundo Marco Pólo, era usado entre os tártaros. Quem poderá saber quantas sentenças terão sido provocadas pela gula, pelo apetite por um bife humano? E quanto essa horrível prática criminosa que se conservou quando a civilização era um pouco mais avançada, pôde contribuir para erradicar os delitos?

13. Conclusão

Recordando tudo: recordando como o impulso que mais contribuiu para a reação contra o delito foi o da vingança; como a promiscuidade da libido foi eliminada graças ao incesto introduzido por uma fantasia de nobreza, poliandria e poligenia, originada pela predileção que tinha o chefe ou o mais prepotente da tribo por determinada mulher. Assim também aconteceria em um harém pela violência de um amante, e mais tarde pela agressividade e maior predomínio de um chefe. Do modo que era delito tocar na mulher do chefe, não era tocar nas outras mulheres.

Como a pena pelo furto começou a aparecer sobre a prevalência das conquistas dos chefes ou dos mais prepotentes, que queriam conservar as posses surrupiadas e não dividi-las com os mais fracos, como era sobretudo do furto contra a propriedade dos chefes que se iniciava a justiça, como também se iniciou a reação contra o adultério do roubo das mulheres dos chefes – pode-se concluir, sem que pareça uma blasfêmia, que a moralidade e a pena nasceram, em grande parte do crime.

9. Suicídio dos Delinquentes

1. Freqüência. Temperatura – 2. Prisão. Época da detenção dos delinqüentes – 3. Imprevidência e impaciência 4. Relações com a tendência ao crime – 5. Antagonismo 6. Suicídio indireto e misto 7. Suicídio por superstição 8. Suicídio simulado – 9. Suicídio duplo 10. Suicídio nos dementes criminosos.

1. Freqüência. Temperatura

A insensibilidade auxilia, enfim, para explicar um fenômeno, que, como bem advertiu Morselli, é quase característico do delinqüente: a maior freqüência do suicídio. De fato, o suicídio nos delinqüentes segue as leis da oscilação, que se nota em todos os homens, tais como:

- A – prevalência no sexo masculino;
- B – nos solteiros e viúvos;
- C – na idade entre 21 e 31 anos;
- D – incremento nas populações civis e nas em que o suicídio está em aumento, mais freqüente na Saxônia e na Dinamarca.

Para distinguir mais minuciosamente a cota de suicídios cometidos pelos grandes delinqüentes, calcula-se uma base de 4,52 por medo da justiça, 2,65 por vergonha, remorso, preguiça, 2,4 nos homens e 1,47 nas mulheres, 0,96 apreensão pelas penas disciplinares nos soldados e o desgosto pelo serviço militar.

2. Prisão. Época da detenção dos delinqüentes

A maior freqüência dos suicídios não se pode crer que seja só o efeito da condenação ou da tortura, causada pela longa prisão, ou pela falta de maior convívio. Apenas é sensível o aumento dos suicídios nas prisões celulares em comparação com as mistas. Isto se coaduna, certamente, nas prisões celulares pela minoria e notando-se o maior número nos denunciados (Itália: 38%) e entre os condenados, inúmeras vezes, se não exclusivamente, nos primeiros meses da detenção.

Assim, em Mazas, em 79 suicídios, ocorreram:

15 – do 2º ao 5º dia da entrada
10 – do 5º ao 10º dia da entrada
 8 – do 10º ao 15º dia da entrada
 5 – do 15º ao 20º dia da entrada
 2 – do 20º ao 25º dia da entrada
 5 – 25º ao 30º dia da entrada
25 – do 1º ao 2º mês da entrada
 4 – do 2º ao 3º mês da entrada
 2 – do 3º ao 6º mês da entrada
 1 – no 12º mês da entrada.

A estatística das prisões européias apresenta, em 36 suicídios ocorridos, os seguintes dados:

- 11 nos primeiros meses da detenção
- 7 no primeiro ano de detenção
- 7 no segundo ano de detenção
- 7 no terceiro ano de detenção
- 4 depois do terceiro ano de detenção

Por isso, abundam muito mais nos cárceres judiciários do que em outros e mais entre aqueles que devem cumprir pequenas condenações. Ao revés, ele não se nota entre os condenados só há quinze dias. Esta freqüência parece tríplice se nós ajuntarmos os numerosos casos de suicídio tentados nas prisões, que na Inglaterra sobem ao triplo e entre nós quase ao dobro dos suicídios consumados.

Evidentemente esta freqüência de suicídios, entre os delinqüentes, na primeira fase da reclusão, e também antes da condenação, e por condenações leves, depende de uma tendência especial. Antes de tudo, dessa insensibilidade, dessa falta do instinto de conservação, de que, pouco atrás, aduzimos tantas provas, e que aparece nos estranhos modos de suicídio, como do uxoricida Granié, morto depois de 63 dias de completo jejum. É também o caso de Bruno, citado por Hoffmann, que se matou engolindo um enorme pedaço de osso.

3. Imprevidência e impaciência

Deve-se adicionar nisso a imprevidência e a impaciência que os domina. Para eles, preferem suportar um mal gravíssimo e rápido a um mal leve e por muito tempo. Eles acham menos dura a morte do que ver insatisfeitas as próprias paixões momentâneas. La Lescombat escreveu à sua amante, exortando-o a matar seu marido. "Não temo a morte; farei de bom grado o sacrifício da vida para que fique aliviada desse bárbaro que eu odeio. Se eu vir você ao voltar, darei mil vidas por você".

"Dou adeus ao mundo, porque viver com uma paixão é pior do que mil mortes", escreveu Delitala antes de tornar-se homicida e depois suicida. Mackenzie, não tendo podido seduzir uma jovem, fez com que ela se suicidasse e depois, denunciado o seu cúmplice, suicidou-se. Comenta-se de um rapaz que um dia antes de ser posto em liberdade enforcou-se, dizendo a um companheiro de pena que se aborrecia demais e, por isso, deviam enforcar-se.

Em diversos deles, principalmente nos alcoólatras, o suicídio ocorre quase automaticamente, quase sem causa, por um capricho, como no caso que veremos em breve, de um carrasco da Nova Caledônia, que se enforcou porque mudaram sua guilhotina preferida. Há outro, contado por Morselli, que se matou porque achou horrível o chão. Houve outro que se jogou no rio Pó, sem qualquer causa aparente.

Dobus, antes de matar a amante, tinha-lhe escrito: "Estou pronto a dar o meu sangue por você; antes morrer do que deixá-la". David, antes de golpear a cunhada disse: "Eu me matarei, mas primeiro falarão de mim". E pouco depois: "A cunhada não me ama, mas se arrependerá disso; comprei dois revólveres, um para mim, outro para ela".

Também a Marquesa de Brinvilliers tentou várias vezes o suicídio; envenenou-se uma vez para provar a eficácia do contraveneno (singular prova da impaciência deles). Tentou mais tarde para demonstrar seu amor a Santacruz, a quem enviou diretamente carta assim redigida: "Achei oportuno terminar minha vida; por isso será dotada de veneno que você me vendeu a preço tão caro e você notará nisso como eu a sacrifiquei voluntariamente. Não prometo, porém, que vou esperá-lo antes de morrer para dar-lhe o extremo adeus" (palavras estas que nos fazem entrever a simulação de suicídio).

4. Relações com a tendência ao crime

Como aconteceu com mais freqüência o suicídio dos criminosos, por paixão, é fácil de ser compreendido. Um pouco é pelo remorso pela operação executada, um pouco pela perda do objeto caro, quando se trata da amante morta. Em todos os réus o suicídio é, ora uma válvula de segurança, ora uma crise e um suplemento da tendência ao delito evidente ou apenas potencial. Para alguns é uma espécie de instrumento de reabilitação do delito praticado ou a praticar, uma forma de desculpa perante os outros e a si mesmo, que demonstre a violência irresistível da paixão que os impele, ou a força do arrependimento que está atrás deles.

Que verdadeiramente o delito seja uma relação estreita com a tendência ao suicídio, bem o demonstram, com suas confissões, Lacenaire e Trossarello. "Houve um dia em que não tive outra alternativa a não ser o suicídio ou o delito. Perguntei-me se eu era vítima de mim mesmo ou da sociedade e depois que conclui que era uma vítima da sociedade eu a golpeei."

Estudando os anais judiciários de 1852, Despine pôde ver um verdadeiro antagonismo entre delito e suicídio. Nos 14 bairros franceses, que apresentaram, em 100 denunciados, mais delitos contra a pessoa, não se encontrou senão 14 suicidas em 460 mil habitantes. Ao revés, em 14 outros que deram menos de crimes de sangue, houve 14 suicídios em 170 mil habitantes. A Córsega, célebre pela sua tradição sanguinária, em 100 denunciados, 83 por crimes contra a pessoa e um suicídio em 55 mil habitantes. O bairro de Sena dá em 100 denunciados 17 só por delitos contra a pessoa e um suicídio para 2.341 habitantes.

Enquanto a maior tendência ao suicídio se encontra na Rússia, no Nordeste há no Báltico 65 suicídios para um milhão, em Petroburgo 102 e no Sudeste em Poltava 50 e em Podólia 44, geralmente nos Governos do Oeste o homicídio aumenta em direção oposta. A Rússia européia pode ser dividida em duas partes segundo sua tendência ao homicídio. Uma abrange o Leste e o Sul da Rússia, com muito homicídio. Na outra, Noroeste do Báltico e ao Sudeste da Podólia, a tendência ao homicídio chega ao mínimo. Uma vez e meio menos do que nos Urais.

5. Antagonismo

Isso explica bastante bem porque a estatística social tinha notado uma espécie de antagonismo entre a cifra dos delitos de sangue e a dos suicídios, e porque estes últimos escasseiam nos países mais quentes, onde os primeiros são mais numerosos, como por exemplo, na Espanha, Córsega e entre nós nas províncias meridionais e insulares.

O contrário ocorre na Itália do Norte e Central, onde muitos homicídios foram, pode-se dizer, prevenidos, e diminuídos do que os suicídios. Explica-se ainda como os delitos e as contravenções nos cárceres são, como veremos, menos freqüentes nos países em que mais são os suicídios. O mesmo se diga, em geral, dos países e épocas mais civilizadas e em que a cultura cresce, engrossa a cifra dos suicídios (na França de 1826 a 1866 aumentaram quase um triplo) e diminuiu a do homicídio.

O número maior dos delinqüentes suicidas recolhe-se entre aqueles que cometeram infrações contra a pessoa (24 na Itália) e contra a ordem pública (12), ou muitos (12), contra a propriedade.

Ora é natural que quanto mais o suicídio seja aumentado, exorbitante, diminuirão os homicidas; tanto menor será o número de delitos contra a pessoa. Se a Marquesa de Brevilliers e Lacenaire tivessem se suicidado realmente, quando tentaram, por essa razão teriam economizado o número de vítimas.

6. Suicídio indireto e misto

Ao contrário, em alguns casos realmente raríssimos não é mais o suicídio que preserva o homicídio, mas este é a causa daquele. Gente vil, loucamente supersticiosa e desejosa de morrer, mata para ser condenada à morte e liquidar-se pelas mãos de outrem. Estranha forma de egoísmo e de paixão religiosa. Despine recolheu quatro desses casos. Por exemplo, Jobart era um jovem comerciante, que, devido à vida dissoluta, contraiu débitos e serviu-se da caixa alheia. O remorso fez nascer nele a idéia do suicídio, mas mudou para homicídio por ascetismo, que lhe teria dado tempo de arrepender-se. A princípio pensou em alistar-se e com uma infração fazer-se fuzilar depois de matar o Presidente da República. Finalmente, com uma facada, mata uma jovem grávida, e permanece parado em seu posto, dizendo ao marido: "Nem mesmo conheço vocês; sou um miserável; matei para ser morto".

Margarida, de 23 anos, sendo lançada na Casa de Recuperação, experimentou tal desprazer que resolveu cometer um homicídio para ser condenada à morte. Foi deixada junto com uma imbecil e lhe cortou a garganta com um facão. "Quis acabar com a existência dela, mas pensei que, matando outra pessoa, perderia igualmente a vida, mas terei tempo de arrepender-me e Deus me perdoará". Depois do delito, rezou para Deus e dormiu tranqüila. Quando a convenceram de que, em vez de ter conquistado o paraíso, teria atraído a ira de Deus, chorou amargamente.

7. Suicídio por superstição

Outra vez, como era o caso de Nagral, alguns cometem um assassinato porque estão cansados de viver e não têm força de suicidar-se. Esta parece talvez a causa do tentado regicídio de Passanante, pouco aprofundado na sua causa que devia estudar. Vendo-me, disse ele ao questor, maltratado pelos meus patrões, sendo a minha vida sombria, antes de suicidar-me, brotou-me a idéia de atentar contra a vida do rei, na segurança de que, em todo caso, estaria morto.

8. Suicídio simulado

O ser humano muito mais tende a simular e fingir alguma ação para a qual se sente inclinado. Assim se explica como entre os delinqüentes, muitos são os simuladores de suicídio, que fazem em si simples cortes superficiais, tanto que Nicholson declarou que, de três suicídios tentados no cárcere, dois são simulados. Ele chega a duvidar, até, que também alguns dos suicídios consumados pertenciam a essa espécie e cita um que se enforcou na hora em que devia ser levado pelos guardas e morreu, tendo os guardas chegado, eventualmente, muito tarde.

Que eu me recordo, o assassino dr. Brancard, que não só simulou o suicídio escrevendo cartas aos seus parentes, amigos, ao irmão, em que recomenda ao único amigo o seu cão, mas deixou preparado o epitáfio: "Aqui repousa um francês que foi infeliz, Julio Brancard. Grandes desventuras mancharam sua juventude. Sempre foi ele tomado pela tristeza. Visitantes, dediquem-lhe uma lágrima".

Recordo-me ainda da envenenadora e adúltera Dublasson, que, descoberta, envenenou-se com o marido, seu cúmplice de orgias e de delitos, mas advertindo antes, com muitas cartas, as amigas, para que a salvassem a tempo, como realmente aconteceu. Assim também aconteceu talvez, ao menos duas vezes, entre as muitas tentativas da marquesa de Brinvilliers.

David, antes de matar, por amor insatisfeito, a cunhada, várias vezes falou a ela e aos outros em suicidar-se. Escreveu-lhe antes: "Receba os meus beijos antes que eu morra". Depois, assassinou-a, deu sumiço ao revólver e se feriu, para poder alegar uma prova da intenção de matar-se. Quando a guarda encarregada de prendê-lo, comovida, ofereceu-lhe oportunidade de jogar-se da ponte, recusou-se, alegando que lá havia muita gente.

Essa estranha tendência tem, nos presidiários, freqüentemente por causa, o prazer da vingança contra os guardas, os diretores, a esperança de lançar sobre eles a suspeição de o haver impelido ao desespero, fazê-lo falar de si, mudar de cárcere. Outra causa, sobretudo, é a inclinação ao fingimento, que faz do cárcere um verdadeiro teatro. Para quem estiver solto é um meio tanto mais preferido, porque melhor corresponde à subitaneidade e à violência da índole deles quando querer atingir determinado objetivo, ou justificar a si mesmos e aos outros um homicídio ou simular uma luta. Assim fez o Cicarelli que foi surpreendido quando roubava Maria, sua vítima ferida, ou para esconder-se da justiça, como fez Brancard.

O falso suicídio é, então, uma espécie de álibi procurado em outro mundo. Freqüentemente eles agem como crianças viciadas, que simulam matar-se ou ferir-se para coagir os parentes a ceder aos desejos deles.

9. Suicídio duplo

Há suicídios-homicídios, ou melhor, suicídios posteriores aos homicídios, que pertencem, essencialmente aos delitos por paixão, que são a crise final e que são os grandes paroxismos do amor, na idade mais jovem, nos solteiros, e nos mais maduros por excesso de amor filial: parricídio-suicídio.

Assim, o cabo Renouard, de 23 anos, enamora-se de uma florista, consome o quanto tem, reduz-se à miséria e lhe pergunta até que ponto o seguiria. Ouvindo-a responder: "Até a morte", preparou tudo para o duplo suicídio. Poucos dias depois se feriram, ou melhor, ele feriu-a com autorização dela e após a si mesmo, deixando sobre a mesa um escrito em que saudavam os amigos. Ele tinha pai e irmã atacados da mania suicida.

Muito comovente na França foi o caso do oficial sanitário Bancal (1835), que, voltando de uma expedição longínqua, encontrou a esposa, que ficara mãe. Os amores se reataram, mas não podendo continuar em desonra, combinaram um duplo suicídio, cujos preparativos duraram dias inteiros; ele sobreviveu e renovou a tentativa duas vezes. Foi absolvido.

Alguma rara vez o duplo suicídio por paixão se associa e confunde com crime puro, como no caso do Denure. São homens constrangidos ao suicídio para subtrair-se a uma pena infamante, e induzem os mais caros a seguir a sorte deles.

10. Suicídio nos dementes criminosos

O suicídio é, porém, mais fácil ainda do que nos delinqüentes puros, nos por paixão, ainda mais nos dementes-criminais, Isto é natural. O suicídio, sendo freqüente nos dementes, será tanto mais nos delinqüentes e deve ser ainda mais naqueles que são um e outro juntamente, tanto mais se for excitado por uma forte paixão.

Vemos desse jeito o Palmieri, assaltante e demente e três vezes suicida. Também Massaglia, um semi-demente, que se confessava culpado de 128 delitos, mas era só de 40, tentar dar morte a si mesmo jogando-se do alto. Busala, depois de matar o irmão, tentar afogar-se, e perguntar primeiro: se o tinha matado, "porque agora me afogo; se não for, consulto um advogado". Delitala, demente, ou melhor, semi-demente, deu-se três tiros de revólver na cabeça depois de cometer vários homicídios, dos quais ainda falaremos.

Daniel Volkued, duas vezes soldado, formou, em 1753, estanhas idéias sobre o homicídio. A idéia de gozar a beatitude anima-o a matar para ser morto, depois de fazer as pazes com Deus. Um dia depois de dividir a refeição com duas meninas degola uma com facão preparado um dia antes, e depois foi entregar-se, narrando como a inquietação que o tinha dominado tinha desaparecido no momento do crime. Dormiu depois tranqüilamente. Foi condenado.

Uma jovem de Deptford, perto de Londres, Sara Dickenson, foi encontrada, um dia, banhada no próprio sangue, e estendida ao lado de seus dois filhos, que ela tinha degolado. O pai, operário, era há muito tempo doente e agora a família estava reduzida à miséria. Sara, para livrar seus filhos da angústia de uma existência tão triste, como teve que confessar no ato de sua prisão, armou-se de uma navalha, cortou o pescoço dos dois menores quando dormiam e feriu levemente o terceiro, dando-lhe tempo de fugir e correr na rua e dar o alarme. Ela, no entanto, assegura-se da morte de suas vítimas e quer seguir o destino delas. Dá uma navalhada no pescoço, mas falta-lhe coragem e só faz uma leve incisão. Um médico, enviado para examinar o estado mental de Sara, declara-a como afetada de mania intermitente.

Zanetti, que feriu por vingança duas vezes no espaço de sete anos Maggioto, de quem tinha sido despedido, e por duas vezes feito apenas o ferimento, tentava suicidar-se; tinha sido já internado no manicômio de São Sérvulo, em Veneza. E diga-se assim dos suicidas e parricidas alcoólatras Valessina, Calmano, que desperdiçam tudo, lançam-se sobre seus filhos e os matam, dos quais falaremos mais tarde.

10. Afetos e Paixões nos Delinquentes

*1. Afetos – 2. Instabilidade – 3. Vaidade – 4. Vaidade do delito
5. Vingança – 6. Crueldade – 7. Vinho e jogo
8. Outras tendências – 9. Comparação com os dementes
10. Comparação com os selvagens.*

1. Afetos

Seria porém grave erro supor que todos os sentidos tenham sido extirpados dos criminosos. Às vezes, algum sobrevive ao desaparecimento dos outros. Troppmann, que tinha matado tanto mulheres como crianças, chorou ao ouvir o nome de sua mãe. D´Avanzo, que assou e comeu a barriga da perna de um homem, compunha versos de amor. Bezzatti amava a mulher e os filhos. La Sola, que amava os filhos "um pouco mais que os gatinhos", como ela disse, e que fez matar o amante, era afeiçoada ao cúmplice Azzario e compôs obras de verdadeira caridade, ficando, por exemplo, noites inteiras na cabeceira de pobres moribundos.

Lacenaire, no dia em que matou La Chardon, salvou, enfrentando perigo, um gato que estava para cair do teto, e poupou Scribe que o havia socorrido. Os ciganos, que são delinqüentes natos, estelionatários, têm vivíssimo afeto familiar, e as mulheres (não na Índia) têm senso singular de pudor. A "lacki" (integridade virginal) é a coisa mais preciosa que tu tens; não vás perdê-la", dizem as zíngaras às suas filhas.

Noelle, por amor ao filho preso, fez-se pianista célebre, a protetora, e como a chamavam, a "mãe dos ladrões". O assassino Moro, piemontês, vestia e dava banho nos seus garotos. Feron, assim que cometia um crime, corria para os filhos de sua amante e presenteava-os com doces. Maino della Spinetta era fiel e apaixonado e foi preso por causa da mulher. Pela sua esposa o terrível Spadolino se fez assaltante, Morcino ladrão, Castagna envenenador. O ferocíssimo Franco gastava milhares de liras para que nada faltasse à sua amante. Por obra desta foi preso e durante o processo só se preocupou em salvá-la.

Micaud era tão enamorado e ciumento de sua amásia que fazia traços de gesso nos sapatos para impedir que se afastasse de casa. Holland confessa ter cometido homicídio para enriquecer a mulher e o filho que ele amava. "Eu assim fiz pelo meu pobre menino." Não se pode ler, sem se espantar, as palavras do assassino De Cosimi: "Tantos beijos ao meu menino. Ele será direito como o pai, porque o lobo gera o lobinho".

Parent Duchatelet mostrou que se muitas prostitutas perdem inteiramente laços de família, há algumas que provêm, mesmo com desonra, o pão dos filhos, de seus velhos pais ou seu companheiro. Têm portanto verdadeira, excessiva paixão por seus amantes. Uma dessas infelizes, após ter quebrado uma perna saltando de uma janela para furtar-se aos golpes de seu amante, retornou a ele. Agredida de novo, teve um braço fraturado, mas não perdeu o intenso afeto.

2. Instabilidade

Na maior parte, entretanto, os nobres afetos dos delinqüentes vão tomando sempre um traço doentio, excessivo e instável. Pissembert, por um amor platônico, envenenou sua esposa. A Marquesa de Brinvilliers matou o pai para vingar seu amante, matou os parentes para enriquecer os filhos. Curti e Sureau mataram as mulheres porque não queriam se recompor com elas. Mabille, para alegrar os amigos improvisados de uma cantina executou um assassinato. Maggiu me disse: "A causa de meus delitos é porque sou muito levado pela amizade; não posso ver um amigo ser ofendido sem vingá-lo".

Se quisermos exemplos de pouca estabilidade dos afetos, recordemos Gasparone, que declara ter-se feito assassino por muito amor à sua amante, a qual, poucos dias depois a matou com as próprias mãos, por causa de uma simples suspeita. Outro, Thomas, que amava desmesuradamente a mãe, mas num acesso de cólera jogou-a da sacada.

Martinati tinha amado ardentemente por anos uma mulher, mas após dois meses de casamento já pensava em matá-la. As prostitutas que se deixam agredir até sangrar por seus amantes, mas, por um pretexto fútil, de repente, os abandonam e com o mesmo calor assumem novo amor.

3. Vaidade

Em lugar de afetos familiares e sociais, que se encontram apagados ou desligados nos delinqüentes, as outras paixões restantes dominam com constante tenacidade. Primeiro, entre todos, o orgulho, ou melhor, a consideração excessiva pela própria pessoa, que notamos crescer no vulgo, na razão inversa do mérito. É como se na psique se repetisse a norma que domina no moto-reflexo, sempre mais ativo quanto mais diminui a ação dos centros nervosos, mas que adquire proporções gigantescas.

A vaidade dos delinqüentes supera à dos artistas, dos literatos e das mulheres galantes. Na cela de La Galla encontrei escrito pela mão dele: "Hoje, 24 de março, La Galla aprendeu a fazer as meias". Crocco procurava salvar o irmão, dizendo: "Senão a estirpe de Crocco será perdida". A denúncia capital, a própria condenação, não comoviam Lacenaire, como a crítica de seus sofríveis versos, e o medo do desprezo público. Disse ele: "Não temo ser odiado, mas ser desprezado".

Satisfazer a própria vaidade e brilhar no mundo é o que mal se chama "figurar"; é a causa mais comum dos modernos delitos. Denaud e sua amante mataram, ele a esposa, ela o marido, para poderem se casar e conservar a "reputação" no mundo. O equivocado ponto de honra: não poder pagar suas dívidas, foi o ponto de partida dos crimes de Faella.

Quando um famigerado ladrão adotou um certo tipo de colete e de gravata, os seus comparsas o tomaram como modelo. Vidocq, em um bando de 22 ladrões presos num só dia, encontrou 20 que vestiam colete da mesma cor.

4. Vaidade do delito

São vaidosos da própria força, da própria beleza, da própria coragem, das mal conquistadas e pouco duradouras riquezas, e o que é mais estranho e mais triste, da própria habilidade em delinqüir. Escreveu o ex-presidiário Vidocq: "A princípio, os delinqüentes se gabam como se fosse uma glória". E outro diz: "Na sociedade, teme-se a infâmia, mas em uma massa de condenados a única vergonha é não ser infame. É um *escarpe* (assassino); é por isso o maior dos elogios".

Foi morto, há anos atrás, em uma cidade da Romagna, um sacerdote de índole terna, e não tinha inimigos. Por isso não se podia suspeitar do possível autor do crime. Era um rapaz que, para demonstrar aos próprios colegas ter ânimo capaz de cometer um homicídio, indicou o sacerdote que saiu da igreja e pouco depois, em pleno dia, o matou. Matou só para provar que era capaz de matar.

Os bandos de ladrões ingleses, disse Mayhew, cotejam um com os outros os seus golpes. Gabam-se de superar o rival; garantiriam, se pudessem, as páginas dos jornais.

Como as prostitutas, dividem-se em vários graus profissionais; atribuem-se pertencer a um grau superior, e a frase "Você é mulher de uma lira" é tida como ofensa máxima. Também nas prisões, os ladrões de milhares de liras riem do ladrãozinho vulgar. Os homicidas, ao menos na Itália, acreditam-se superiores aos ladrões e aos assaltantes. Os falsários se crêem superiores aos homicidas e evitam contatos com eles. Por outro lado, os assaltantes desprezam os gatunos. Um deles, recusando-se a sentar-se ao lado de um ladrão vulgar, disse: "Posso ser também um ladrão, mas, graças a Deus, sou um homem respeitável".

Vasco, que, com 19 anos, matou uma família inteira, deliciava-se quando ouvia dizer que toda Petrogrado falava dele. "Creio que agora verão meus colegas da escola se eram justos quando diziam que eu jamais seria alguma coisa na vida."

Grellinier, um ladrão barato, gabava-se, perante o Tribunal, de imaginários delitos para poder equiparar-se a um grande assassino. Mottino e Rouget contam em sofríveis versos seus crimes. Lemaire, De Marsilly, Vidocq, Winter, De Cosimi, Lafarge e Collet transmitiram a história da vida deles.

5. Vingança

Natural conseqüência de uma vaidade ilimitada, de sentimento desproporcional da própria personalidade, é a própria inclinação à vingança por causas mínimas. Tínhamos visto como um presidiário matou o outro porque não quis lustrar-lhe os sapatos. Ledue matou um amigo porque o condenara por roubar só uma caixa de fósforos. Militello, por uma pequena ofensa do companheiro de infância, meditou sobre ela e depois o matou, achando que ele merecia a morte.

A mesma tendência se mostra nas prostitutas. Disse Parent: "dir-se-ia que o senso da própria baixeza excede o orgulho e o amor próprio delas que levam a um grau excessivo". A cólera é freqüente nas meretrizes e por causas mais leves, por uma censura, por exemplo, de alguma coisa que ficou feia; são, quanto a essa questão, mais infantis do que as próprias crianças; sentir-se-iam desonradas se não reagissem.

Esta violência das paixões, mormente da vingança, que ultrapassa até mesmo o amor próprio, explica muitos requintes de ferocidade, comum dos povos antigos e selvagens, mas raros e monstruosos para nós.

6. Crueldade

Hoje em dia, com muita freqüência o delinqüente se enfurece sem causa ou só pelo lucro. Em 860 furtos com arrombamento cometidos em Londres há dez anos, só cinco eram seguidos de violência pessoal. Os sanguinários que matam por matar são olhados com cautela, disse Fregier, pelos seus companheiros. Contudo, incitados à paixão da vingança e da cupidez insatisfeita ou da vaidade ofendida, os instintos cruéis do ser humano primitivo retornam à tona facilmente, enquanto a insensibilidade moral lhe anula o horror e a dor pelos sofrimentos alheios.

Também retorna a ferocidade de nossos salteadores e a selvageria das regiões onde eles são freqüentes (tiveram quase sempre como causa uma vingança a cumprir). Coppa era pobre e bastardo. Voltando à sua região com uniforme bourbônico foi insultado e agredido pelos cidadãos, e por isso jurou vingar-se e, de fato, matava os de sua região. Masini, por igual razão, a mantinha contra os de Paterno. Tortora com os de Sanfele fazia a mesma coisa. Galeto assassinou uma meretriz para furtar, e como esta só tivesse um relógio, de raiva comeu a carne dela. Carpinteri, pastor e criador de porcos, dócil e bom até os 18 anos, sendo insultado por um companheiro, tornou-se de repente feroz a arrebentou-lhe a cabeça. Tornou-se salteador, cometeu 29 homicídios em menos de nove anos e mais de cem assaltos.

Experimentando esse horroroso prazer de sangue, este se torna uma necessidade, a tal ponto que o ser humano não pode dominá-lo, e, coisa estranha, não só não sente vergonha, mas também se torna uma glória. Mistura-se ainda um pouco da estranha vaidade do delito que nós vemos na vida de todos eles. Moribundo Spadolino se lamentava de ter matado só 99 homens, sem ter completado uma centena. Tortora se vangloriava de ter matado doze soldados e tinha ânimo de atingir a 100. No dia em que não podia matar alguém degolava. Tendo seqüestrado um pobre que nada podia render lhe disse: "Pois bem, você nos dará seu sangue, e lhe deu 28 facadas".

Parece que nesses casos misturam-se freqüentemente uma paixão sensual que provoca excitação quando se vê sangue, encontrando-se estas cenas sanguinárias mistas com as de estupro, ou nos homens forçados à castidade, como padres, presidiários, soldados, pastores, ou logo após o advento da puberdade. Há outros, tendo como causa o exercício de funções de contato com sangue, como açougueiros, ou que obrigam a uma profunda solidão, como os pastores, caçadores, ou o espetáculo de outras crueldades, e, mais do que tudo, a hereditariedade. Muitos facínoras passaram por essas funções.

Adiciona-se enfim uma espécie de alteração profunda da psique, que é verdadeiramente própria dos delinqüentes e dos dementes, e que os sujeita a uma irascibilidade sem causa, que os carcereiros conhecem bem e que encontramos nos animais e nos selvagens, mas todos têm "uma hora feia" no dia, na qual não sabem dominar-se.

Foi notado por todos que, quanto à ferocidade e crueldade, as poucas mulheres afetadas por essas características, superam os homens. As façanhas que criaram o banditismo na Basilicata, em Palermo ou Paris não se pode descrever.

7. Vinho e jogo

Depois do prazer da vingança e a vaidade satisfeita, o delinqüente não encontra deleite maior do que o vinho e o jogo. A paixão pelo álcool é porém muito complexa, por ser causa e efeito do crime. Tríplice causa, ao contrário, quando se pensa que o alcoólatra dá origem a filhos delinqüentes, e o álcool é também o instrumento e uma razão do crime. Alguns delinqüem para embriagar-se, ou porque, com a bebedeira os velhacos procuram a coragem necessária aos atos nefandos, depois um argumento para futura justificação, e com a precoce embriaguez seduzem os jovens ao delito. Porém, mais do que tudo, porque o bar é o ponto de encontro de seus cúmplices, sua sede natural, em que não só se projeta mas se usufrui o delito, e para muitos é o único e verdadeiro domicílio.

Adicione-se enfim que o bar é o banco e banqueiro fiel, em mãos do qual o delinqüente deposita o rendimento mal percebido. Em 1860, em Londres, contavam-se 4.938 bares, em que eram encontrados só ladrões e prostitutas. Em 10.000 crimes sangrentos na França, 2.374 foram cometidos nos bares. Em 49.423 criminosos de Nova York, 30.507 eram alcoólatras; 893 são entre 1.093 presos da Albânia. Em Torino, dez anos atrás, organizava-se um bando com o único objetivo de roubar garrafas.

É ao álcool que provavelmente devemos atribuir certas doenças que vemos repetir nos delinqüentes e nas prostitutas. Disse Parent-Duchatelet: "Os ricos abusam do champagne, os pobres do aguardente, primeiro para afastar as tristes lembranças, depois para conquistar um momentâneo vigor, necessário à infame atividade e todas para entrar na orgia de seus poucos sóbrios amantes. "Sem o licor, nós não podemos levar a vida a que somos obrigados", dizia um deles. Todavia, há exceções e se encontram ladrões e prostitutas, sobretudo estelionatários abstêmios ou morigerados. Dizia-me um estelionatário: "Nesta profissão não se poderia trabalhar sendo bêbado".

Bem poucos, ao revés, são os malfeitores que não sentem vivíssima a paixão pelo jogo. Escreveu Fregier: "Esses infelizes que se contentam com tão pouco, quando têm ocasião de se aproveitar dos outros, são tomados de uma espécie de fúria de gastos quando alguma rapina inesperada os coloca na posse de alguma soma mais elevada. As emoções do jogo são as mais caras que eles têm. Esta paixão os segue nas prisões. São citados casos de prisioneiros que, depois de haver perdido, em um momento, o produto de uma semana de trabalho, conseguem jogar um, dois e até três meses antecipados.

O que mais? Os médicos da casa de detenção de Saint Michel observaram um preso que, doente, jogava a magra ração de sopa ou vinho, até que morreu de inanição. Beausegui era de tal forma mergulhado na paixão do jogo a ponto de esquecer-se da extrema execução que o esperava. Aconteceu ao bando de Lemaire jogar por dois dias em seguida sem parar. Em 3.287 homicídios e ferimentos na Itália, 145 foram causados pelo jogo. As prostitutas são apaixonadas pelo jogo das cartas, especialmente pela tômbola.

O falsário Durand narrou ao médico como sua mãe o tinha educado no jogo, no qual ela dissipava seus bens. "Quando ela perdia, comíamos tristemente o pão seco. Depois de uma noite de jogo, costumava manter-me acordado toda a noite para tentar senão o prazer de ganhar, ao menos o da vitória. Estou aqui porque tive o ônus de reparar a perfídia de uma carta. Para mim as cartas eram sereias; a vista de uma "dama" me causava um sentido mágico; era para mim mais agradável do que qualquer pintura. Quando mais ardia o jogo, eu, apertando a mão no coração, sentia-me tremer de ansiedade. Se a sorte se tornava adversa, eu, sem sentir, enterrava as unhas na carne." E assim dizendo, mostrava ao médico os sinais da ansiedade, que o tinha jogado na prisão.

A paixão pelo jogo explica a contínua contradição que mexe com a vida dos malfeitores, a qual, de um lado manifesta a avidez desenfreada pelas coisas dos outros, de outro o descuido em dissipar o mal conquistado dinheiro, talvez, também porque muito facilmente conquistado. Explica como quase todos os malfeitores, malgrado possuam, às vezes, enormes somas, permanecem quase sempre pobres. Ao jogo do furto, escreve Mayhew, perde-se sempre. Tudo termina em orgia e em despesas com a justiça. Mayhew conheceu um ladrão genial, que tinha na mente os métodos mais geniais de furto, conhecia todos os juízes da Inglaterra, todos os artigos do Código Penal e a história dos delitos dos últimos 25 anos, mas nem por isso amealhou um só tostão.

Por outro lado, a quem estuda a vida do malfeitor comum parece não ser a avidez por si um impulso ao delito. A avidez entra apenas porque sem dinheiro não poderiam satisfazer às brutais paixões. O avarento é inclinado ao crime.

Parent calculava serem raríssimos os casos de prostitutas enriquecidas; a maioria termina nos abrigos de mendicidade. Essa pobreza intermitente, expondo-os aos excessos opostos, é uma das principais causas da morte precoce deles. Ela é notável porque induzindo aversão e suspeição nas outras pessoas é obstáculo aos seus propósitos desonestos. Todavia, deve também participar a falta de cuidado da família, e sobretudo a inércia e apatia, que é um dos especiais caracteres deles, como é dos povos selvagens. Creio dever ter traçado aqui este caráter dos dementes, porque bem se harmoniza com um justo provérbio, segundo o qual a pureza do corpo seria o início da pureza do ânimo.

8. Outras tendências

Os delinqüentes têm, embora menos viva, outras tendências, como à mesa, ao erotismo, à dança. Um dos poucos ladrões que me confessaram seu crime era um toscano que ao discorrer sobre comida, começava a soluçar e me dizia que havia começado a roubar para comprar macarrão. Chandelet não podia ficar quieto no cárcere, a não ser com a ameaça de lhe ser diminuída a comida. Os ladrões jovens, dizia Faucher, começaram roubando frutas e carne; mais tarde pequenas mercadorias, que revendiam para comprar doces. Nove entre dez ladrões tornaram-se tais por serem seduzidos pelos mais velhos com a oferta de frutas ou de pão, se fossem miseráveis, e se fossem ricos, com meretrizes, impulsionando-os ao delito. Lucke se fez assassino pela paixão por bailes. Holland e Costa foram dançar na noite do homicídio cometido. Muitos em Paris e em Turim fizeram-se ladrões para pagar entrada em espetáculos.

Raramente o delinqüente experimenta verdadeira paixão pela mulher. Seu amor é mais carnal e selvagem, um amor de bordel, que se verifica num prostíbulo (certamente em Londres dois terços desses são covis de malfeitores) e tem por especial característica a precocidade e a intermitência que os faz passar rapidamente do amor ao ódio mais intenso. Exemplo clássico é o de Assunta de Angelis, que mal se casou jogou-se nos braços de seu antigo amante. Quando este caiu em extrema pobreza, retorna ao marido e quando o antigo amante se apresenta, mata-o com oito punhaladas.

Locatelli conheceu um gatuno que aos nove anos roubava, não para satisfazer gulodice, mas dar presentes às suas namoradinhas, de tal forma que de furto em furto tornou-se aos quinze anos um dos mais descarados habitantes das prisões e dos bordéis, e com prontuário aberto na justiça, que faria inveja ao mais fichado malfeitor. O gatuno roubava para alimentar sua intempestiva tendência à libertinagem, com a fuga impetuosa dos seus quinze anos e com a paixão que um de sua idade teria aplicado nos mais clamorosos e solícitos passatempos da adolescência.

Bruno Galli, com apenas vinte anos mata a golpes de porrete a própria benfeitora e rouba sua casa. Para quê? Para dar presentes a uma mulher da vida. Com mãos ainda ensangüentadas afogava sua libido em ter os braços de uma prostituta que presenteava com algumas quinquilharias roubadas da assassinada.

Outro homicida e assaltante, certo Guido, com pouco mais de vinte anos, depois de haver consumado o homicídio de um velho casal, para depredá-los de tudo que possuíam, corre afanoso e sequioso ao bordel em que morava sua amante e a faz depositária.

Faz apenas poucos meses, nossos tribunais ocuparam-se de três jovens, precocemente depravados, os quais foram repelidos de um bordel por estarem desprovidos de dinheiro, agrediram e depredaram do relógio e de poucas liras o primeiro que encontraram e precisamente um cocheiro de pequena cidade. O assassino Tavolino não podia estar um dia sem mulher. Cibolla, desde garoto, roubava para poder esbanjar nos bordéis. Do moedeiro falso Amélio, constava num processo, ter tantas amantes, que poderiam formar uma fila de uma cidade a outra.

Wolff, logo que cometia um assassinato, instalava-se em um bordel e fazia desfilar todas as prostitutas. Dunant, perguntado se ele amava deveras a mulher cujo marido tinha matado, respondeu: "Oh! Se você a tivesse visto nua!". Guiguand matou o pai e a irmã para gastar o pouco dinheiro que possuíam com uma prostituta. Hardouin, Martinati e Paggi, cometiam adultério sob os olhos das mulheres.

Em geral, porém, o amor carnal se manifesta logo nos ladrões. Dura exageradamente mais do que nos estelionatários, envenenadores e em alguns assassinos. Em muitos estupradores a veia erótica muitas vezes passa de um estado de semi-impotência a acessos violentos e pouco duradores e mais periódicos.

Algumas raras vezes, também os assassinos comuns, por exemplo, Franco, Montely, Pommerais, Demme, pareceram nutrir um afeto único e potente e um amor verdadeiramente ideal, como mostraram em poucos versos de bandidos sicilianos e corsos, mas casos raríssimos, aos quais podemos dar pouco crédito quando pensamos no estranho sentimentalismo daquele tatuado, do qual demos alguns traços.

Menos óbvio é encontrar o amor platônico e entre os ladrões; Mayhew diz que os ladrões de Londres não cantam canções obscenas, mas as sentimentais. As ladras, unidas sempre em matrimônio mais ou menos legítimo, amam ver seus amantes ornados de correntes de ouro, enquanto elas se vestem bem, e os ajudam quando estão doentes ou presos, e lhe são fiéis, quando a prisão não for muito duradoura. As prostitutas têm um amor que as distingue das mulheres normais. São apaixonadas pela dança, pelas flores e pelo jogo. São dadas ao tribadismo.

Entretanto, esses prazeres do jogo, da gula, do sexo, etc., e até o da vingança, são intermediários de um máximo, que mais do que todos predomina o da orgia. Esses seres tão avessos à sociedade têm uma estranha necessidade de vida social, uma vida de alegria, barulhenta, agitada, sensual, no meio de seus cúmplices, a verdadeira vida de orgia. Creio que e os prazeres da gula e do vinho sejam um pretexto para dar-lhes desafogo, por isso, malgrado o evidente perigo, apenas cometido um homicídio, ou efetuada uma evasão após uma longa prisão, retornam àquele lugar.

Também as prostitutas têm necessidade de agitação e estrépito, de associar-se e até na penitência conservam a numerosa loquacidade, o desejo de fazer barulho (Parent Duchatelet).

Não falo de muitas outras paixões, que, segundo hábitos e inteligência dos delinqüentes podem variar indefinidamente da mais infame, como a pederastia, até a mais nobre: da música, da coleção de livros, quadros, medalhas, flores, paixões especiais. As mais singulares paixões podem ser encontradas neles, como também nas pessoas normais. Contudo, o que distingue as paixões deles é a forma instável, sempre impetuosa e violenta, para satisfazer à primeira que vier, menos todo pensamento do futuro. Parent, ao saber da gravidez da irmã, disse: "Quando vier o menino, eu o matarei; é uma coisa chata levá-lo ao banho, mas tenho minhas idéias fixas".

Eles não vêem as conseqüências do delito, vêem só o presente, o único prazer de desafogar sua revoltada paixão. Desse lado, o homem não habituado ao crime e que o comete por uma forte paixão, avizinha-se ao delinqüente comum. Lemaire disse ao juiz que sabia bem que cairia nas mãos dele, mas no entanto tinha desfrutado da vida, e que não teria aceitado a vida acompanhada de possibilidade de desfrutar. Ele tinha apenas necessidade de dinheiro, tentava um golpe ainda o mais duvidoso.

Durante a primeira noite de prisão, o assassino Lacenaire se ocupava, não do próprio fatal destino, mas da camisa de força que lhe comprimia os rins, da corrente pesada; estas eram as dores que lhe arrancavam protestos contra a humanidade. La Trossarello fala, em uma carta ao comissário Torti, de uma decisão de andar resignado de encontro à morte ou ao ergástulo, e depois subitamente nem o desejo de um xale para fazer o trajeto no inverno!

9. Comparação com os dementes

Por muitas dessas características, aproximam-se os delinqüentes dos alienados, com os quais têm em comum a violência e a instabilidade de algumas paixões, a freqüente insensibilidade dolorífica e mais afetiva, o senso exagerado do "eu" e algumas vezes a paixão do álcool e a necessidade de recordar o crime cometido. Alton, epiléptico, atrai uma menina e a faz em pedaços; volta depois para lavar as mãos e escreve no seu diário: "Hoje, morta uma menina, o tempo era belo e calmo".

Outro caso: Bruno Galli, atacado de loucura com paresia, confessou na sua vida publicada no meu *Diário do Hospício de Pesaro*: "As grandes desventuras endurecem o coração. Eu que chorei ao ver uma gota de sangue, agora fico impassível à vista do mais atroz espetáculo". Um outro, L.M., escreveu: "Ouço falar de felicidade doméstica, de afeto recíproco entre pessoas, mas eu não posso provar coisa alguma disso".

Contudo, os alienados raramente têm paixão pelo jogo e pela orgia, freqüentemente os malfeitores adquirem ódio pelas pessoas queridas, como mulher e filhos. Enquanto o delinqüente não pode viver sem companhia e a procura, mesmo com risco, os dementes preferem sempre a solidão e fogem do convívio com os outros. As sublevações são muito raras nos manicômios tanto quanto são freqüentes nas prisões.

10. Comparação com os selvagens

Muito mais que aos dementes, o delinqüente, em relação à sensibilidade e às paixões, avizinham-se aos selvagens. Também a sensibilidade moral é abrandada ou anulada nos selvagens. Os Césares da raça amarela se chamam Tamerlões; os monumentos deles são pirâmides de cabeças humanas secas. Diante dos suplícios chineses, Dionísio e Nero ficariam pálidos.

Todavia, onde todos mais se excedem é na impetuosidade e instabilidade das paixões. Os selvagens, disse Lubbock, têm paixões rápidas, mas violentas. Têm a característica das crianças, com as paixões e a força dos homens. Os selvagens, disse Schaffhausen, em muitos aspectos são como as crianças; sentem vivamente e pensam pouco; amam o jogo, a dança, os ornamentos; são curiosos e tímidos. Não têm muita consciência do perigo. No fundo, são velhacos, vingativos e cruéis na vingança. Um cacico, voltando de uma expedição malograda, estava com seu filho nas pernas. Para afogar a raiva, pega-o pela perna e o arremessa contra a rocha.

Também nesses é fortíssima a paixão pelo jogo, sem que seja viva a avidez. Tácito conta que os bárbaros germanos, depois de haver jogado nos dados todos os seus haveres, chegavam a vender até a si próprios. O vencedor, ainda que fosse mais jovem e mais forte do que o adversário, deixava-se levar e vender aos estrangeiros. Há, entre os chineses, muitos que empenham no jogo até a última roupa de inverno, a ponto de morrer mais tarde de frio. Quando não houver mais roupa, empenham os próprios membros.

Encontram-se nos selvagens a velhacaria misturada com a coragem e a insensibilidade. Nas Ilhas Andamane os esposos ficam unidos até que venha o filho; depois podem procurar outros amores. O alcoolismo, apenas introduzido, chega a dizimar raças inteiras, até mesmo nos climas meridionais que não sofrem tanto essa influência. Por uma aguardente, um negro selvagem vende não só os compatriotas, mas até a mulher e os filhos.

Os indígenas da Austrália foram mais destruídos pelo crime do que pelas armas européias. Os mauris, de 120.000 em 1849 eram, em 1876, 47.060; o álcool foi a ruína deles e explica a índole perniciosa aparente das doenças deles. E aqueles povos em que a selvageria e a religião têm impedido de conhecer as substâncias inebriantes que substituíram o álcool por outros meios singulares de embriaguez.

A preguiça é ainda um dos caracteres dos selvagens. Os neocaledônios odeiam qualquer trabalho: "Sofrer por sofrer é melhor morrer sem trabalhar". Assim eles dizem, repetindo quase literalmente a confissão de Lemaire.

11. A Religião do Delinqüente

Acredita-se há muito tempo que os delinqüentes sejam todos irreligiosos, pois que a religião parece ser o freio mais potente dos delitos. O fato é, porém, que muitos dos chefes de quadrilha ou os mais despudorados delinqüentes, como Lacenaire, Lemaire, Mandrin, Gasparone ou delinqüentes das grandes cidades, encontram um modo de liberar-se desse último freio ao impulso das grandes paixões. A maior parte deles porém, mormente os do interior do país, é constituída de ateus, embora tenha sido formada em favor deles uma religião sensual e acomodatícia que faria do Deus da Paz e da Justiça, um benévolo tutor dos crimes.

Casanova observa que todos aqueles que vivem de atividades ilícitas confiam na ajuda de Deus. Todo ladrão tem sua devoção, diz o provérbio. E nós, em 2.480 tatuagens nos delinqüentes encontramos 238 com símbolos religiosos. Na gíria, Deus é o "Primeiro de Maio", a alma a "perpétua". O que mostra a crença deles em Deus e na imortalidade da alma é que até na gíria espanhola a Igreja é a "Saúde".

Os assassinos alemães acreditando-se seguros de toda suspeição costumam defecar no local em que cometem o crime. Os ciganos, após o homicídio, acreditam obter o perdão divino vestindo por um ano a mesma camisa usada na hora do delito. Em uma curiosa canção, em gíria, divulgada por Biondelli, um ladrão responde a quem lhe objeta como o furto ofende os princípios religiosos, que um santo ladrão, São Dimas, crucificado junto com Jesus Cristo, foi para o céu, a convite de Jesus. Tortora, que tinha matado doze soldados com as próprias mãos e também um padre (mas dizia que tinham sido excomungados), achava-se invulnerável, porque levava uma hóstia no peito.

Os famigerados incendiários da França tinham adotado uma série de ritos religiosos para o nascimento e o casamento dos membros do bando. Tinham, um pouco por paródia, um pouco de sério, seu tipo de capelão, que presidia às núpcias, balbuciando algumas orações em latim. A cerimônia nupcial consistia, além dessas orações, no dever imposto aos dois esposos de saltar sobre dois bastões cruzados, suspensos pelo chefe do bando; este os interrogava se ambos pretendiam esposar-se.

O curioso era que o divórcio era severamente proibido e só passou a ser permitido após ser legalmente adotado pelas leis revolucionárias francesas. Em 1670 as envenenadoras parisienses de alta classe benziam a missa diabólica com pó de incenso para obter a morte do marido ou a fidelidade do amante. Um "padre" rezava a missa sobre o ventre de uma prostituta grávida e degolava o feto, cujo sangue e cujas cinzas serviam de filtros. Só Voisin matou 2.500 dessas pequenas vítimas.

O bando Manzi era carregado de amuletos. O bando Caruso colocava no bosque e nas grutas imagens sacras, diante das quais acendia velas. Verzeni, estrangulador de três mulheres, era dos mais assíduos e sinceros freqüentadores da igreja e do confessionário; ele veio de uma família não só religiosa, mas beata. Os companheiros de La Gala, levados ao cárcere de Pisa, recusaram obstinadamente de comer na sexta-feira de quaresma.

A maior parte dos ladrões de Londres, disse Mayhew, confessa acreditar na Bíblia. Não é muito; os ladrões e os camorristas napolitanos faziam magníficos dons a São Pascoal, do que se enriquecia o belo convento. Há poucos anos atrás, o arcebispo publicava, como nos revelou o patriota Vincenzo Maggiorani, nas portas da catedral, a "componenda", isto é, a lista dos preços de indenização à Igreja, para purgar qualquer crime cometido.

Os assassinos Bertoldi, pai e filho, costumavam assistir à missa, prostrados de joelhos, com o olhar para baixo. Um napolitano de 24 anos, que matou seu pai a golpes de porrete, era devoto de uma certa "Senhora da Serra": "E certo foi que ela manteve minha mão, pois ao primeiro golpe, meu pai caiu por terra". Quando Maria Forlini, que estrangulou e despedaçou uma menina para se vingar dos pais dela ou pronunciar a pena capital, virou a seu advogado: "A morte não é coisa alguma; quero salvar minha alma. Salva minha alma, o resto não me importa".

Boggia, estripador, condenado em Milão, como culpado de 33 assassinatos, assistia diariamente à missa, segurava o pálio toda vez que saía fora o Santíssimo Sacramento; estava presente a todas as cerimônias religiosas, pregava continuamente a moral e a religião cristã e não havia confraria religiosa à qual não pertencesse.

Vidocq encontrou uma dupla de ladrões que mandou rezar uma missa por melhores dias, pois há meses não conseguia sucesso. Giovanni Mio e Fontana, antes de matar o inimigo deles iam confessar-se. Mio, disse após o homicídio: "Deus não quis incomodar-se, nem o padre; porque vou me incomodar?" Marc, um jovem parricida napolitano, carregado de amuletos, confessou a mim e a meus alunos que para executar o horrível crime, invocou a ajuda da "Senhora da Serra". Vigna Bi, antes de matar o marido ajoelhou-se para orar à Virgem Maria, para que lhe desse força para executar o crime. Michielin, recebendo o plano de um assassinato, disse ao comparsa: "Verei e farei aquilo que Deus te inspirou". Gall conta sobre um ladrão que roubou para erguer uma capela e roubou mais para mobiliá-la. Conta ainda de um bando de assassinos que acreditava remir seus assassinatos recitando o padre-nosso para cada vítima, bem como de um certo Eltis, que, após matar sua mulher, acreditava-se isento de todo pecado mandando rezar uma missa.

Lacollange, enquanto estrangulava sua pobre amásia, dava absolvição em "articolo mortis", e com a venda dos objetos roubados pagou para rezar uma missa por ela. Também Don Vicente de Aragão assassinou um estudante, não esquecendo de primeiro dar a absolvição. Quem mais religiosa, ou diria, beata, do que a Marquesa de Brinvilliers, que a sangue frio, e muito tempo antes de ser presa, catalogava por escrito, nas confissões secretas de seus pecados, junto ao parricídio, aos incêndios, aos envenenamentos.

E de Mendaro, uxoricida, que caminhou à morte cantando do "De Profundis", e de Martinati, que deixou pasmado até o capelão carcerário pela sua exagerada devoção? De Mo, assassino, que era chamado e dito por todos "O Santo"? Bourse, apenas praticado um furto ou um homicídio, andava de joelhos na igreja? A jovem Galla, ao jogar a mecha incendiária sobre a casa do amante foi ouvida ao gritar: "Que Deus e a Beata Virgem façam o resto"?

A mulher de Parency, enquanto o marido matava um velho para roubá-lo, orava a Deus para que tudo fosse bem. Masini, com os seus, encontrou três conterrâneos, entre eles um sacerdote; de um cortou o pescoço com um facão mal afiado, e ao sacerdote ordena com a mão ainda ensangüentada, que lhe desse a comunhão com a hóstia consagrada. Um ladrão, formado na Escola La Salle, escondia seus furtos atrás do quadro de La Salle, o fundador da escola que ele fora educado. Ele acreditava ser mais seguro seu furto sob o patrocínio desse meio-santo.

Muitas das prostitutas, disse Parente, assumem a posição de irreligiosas com outras de sua espécie e colegas de orgias, mas no fundo não são assim, conforme atestam numerosas observações. Uma delas estava no fim da vida, e o sacerdote, recusando-se a entrar na casa infame, fez com que as demais se cotizassem para que a moribunda pudesse ser transportada e mantida fora do prostíbulo. Depois, para mandar rezar inúmeras missas para uma companheira falecida, despenderam sugestiva soma.

Uma outra, tendo um filho doente, acendia velas benzidas para pedir sua cura. Uma meretriz napolitana, em louvor a Santa Brígida, abstinha-se de sua atividade às terças-feiras.

Segundo a última estatística judiciária, as paixões religiosas foram, entre nós, razões de delito em 40 casos e a superstição em 226. E não falo dos muitos casos (exemplos de Boggia, Desrues, Micaud) em que a religião era provavelmente um engodo para enganar o público e desviar os suspeitos da Justiça. Todavia, quem desse tempo quisesse deduzir que a religião tenha fornecido um incentivo aos delitos faria imaginação tão ampla e exagerada quanto absurda e ridícula.

Seria dar muito valor aos delinquentes, cujas paixões sensuais muito breve caem por terra, fazê-las originar das aspirações delicadas e sublimes da religião ou das profundas meditações dos filósofos. Eu compararia a religião dos delinquentes a um freio frágil e relaxado, que não impediria um cavalo caprichoso enfurecido e rebelado de ir à sua baia, desprendendo-se de tudo que o fizesse manter-se na linha, que não o guiasse, portanto, para o bem ou para o mal, se não talvez para iludir quem passa por perto. Quanto ao ateísmo dos criminosos, só posso atribuir às togas doutorais e aos grossos livros, com que os enganadores escondem e enfeitam a própria ignorância.

12. Inteligência e Instrução dos Delinqüentes

*1. Dados estatísticos – 2. Preguiça – 3. Inconstância mental
4. Imprevidência – 5. Especialistas do delito
6. Envenenadores – 7. Pederastas – 8. Estupradores
9. Ladrões – 10. Estelionatários – 11. Assassinos
12. Ociosos e vagabundos – 13. Delinqüentes geniais
14. Delinqüentes científicos – 15. Comparação
com a inteligência dos dementes*

1. Dados estatísticos

Embora a lesão mais importante dos delinqüentes esteja no sentimento, e pela correlação que passa entre todas as funções como entre todas as partes do sistema nervoso (e vimos como é frágil também a mobilidade), também a inteligência apresenta neles anomalias sugestivas.

Se se pudesse extrair uma média da potência intelectual dos delinqüentes com a segurança com que se obtém da medida do crânio, creio que se chegaria a igual resultado, ou seja, encontrar-se-ia uma média inferior ao normal.

Os espanhóis, pela primeira vez na Europa, tentaram estabelecer esta medida: no exame de 23.600 delinqüentes revelaram-se os seguintes dados:

- 67,54% – com inteligência sã;
- 10,17% – com inteligência pouco sã;
- 18,80% – com inteligência má;
- 0,75% – com inteligência péssima;
- 2,71% – com inteligência não identificada.

Ignora-se porém quais critérios foram adotados para se chegar a essa delicada classificação.

Ferrus, em 3.632 encarcerados chegou a esses resultados:

- 1.607 – com bom talento;
- 1.249 – com capacidade intelectual média;
- 37 – com capacidade superior;
- 345 – com capacidade pouco desenvolvida;
- 339 – com capacidade limitada;
- 35 – realmente imbecis.

Nicholson calcula 655 por 1.000 os débeis de mente entre os ladrões; 165 por 1.000 entre os homicidas; 125 entre os incendiários, e 45 por 1.000 entre os estupradores.

Não é sem razão que quase todos, como pretende Tompson, sejam de escasso intelecto, ou dementes, ou imbecis (eles que se tornam dementes em 2% e imbecis em 12%), mas em todos, também nos criminosos geniais, há um lado no qual a inteligência é defeituosa.

2. Preguiça

Mais se sente notar a fraqueza de energia da mente para um trabalho contínuo e assíduo, e não se vê outro ideal, a não ser a ausência de qualquer trabalho. Os ladrões franceses se chamam entre eles "pègres" (preguiçosos). O ocioso é antes de tudo, legalmente, uma variedade de criminosos e talvez aquele que mais comumente povoa as prisões.

Os ciganos, embora industriosos, são sempre pobres, porque não gostam de trabalhar, senão o quanto basta para não morrer de fome. Os ladrões, escreve Vidocq, não querem atos ou qualquer trabalho que exijam energia e assiduidade. Não podem e não sabem fazer outra coisa a não ser roubar.

Lemaire dizia ao juiz: "eu fui sempre ocioso; é vergonhoso, eu entendo, mas eu sou mole no trabalho. Para trabalhar é preciso esforço: não posso e nem quero fazê-lo. Não sinto energia a não ser para fazer o mal. Eu não nasci para trabalhar; prefiro ser condenado à morte" (Despines).

A causa primária dos delitos de Lacenaire foi certamente a preguiça. Levava-a mais além, dizia o seu professor de infância, de não querer levantar à noite para satisfazer as próprias necessidades. Dormia bem no meio da imundície, longamente, e só após sucessivas chamadas decidia sair do leito. Nem as punições infringidas a ele, nem o desprezo que lhe demonstravam os companheiros, bastavam para corrigi-lo. Todas as ocupações ou trabalho eram para ele um suplício. Jacquard matou o pai porque o repreendia pela sua vadiagem.

É talvez por isso que quase todos os grandes malandros, também os de talento, resultam de processos de terem tido má participação na escola, como Verzeni, Agnoletti e outros. A aversão ao trabalho é uma das características também das prostitutas; nove em dez nada fazem durante o dia. Sobre 41.953 condenados pelos tribunais italianos, 2.427 eram mendigos. Na França, em 76.613 denunciados, 11.367 eram ociosos.

3. Inconstância mental

Outro efeito da inteligência dos criminosos é a singular inconstância e mobilidade do espírito. Na Suíça calcula-se que 44,09% são os delinqüentes que delinqüiram por inconstância mental. É difícil, escreveu Parent, fazer-se uma idéia da inconstância das prostitutas; não se pode identificar a atenção delas; não se pode conseguir que façam um raciocínio longo. Isto explica a imprevidência e a pouca preocupação delas para com o futuro.

O mesmo efeito acontece com os delinqüentes, que são de uma mobilidade e de uma credulidade singular. Nicholson fala de um prisioneiro, ao qual o companheiro tinha dado a entender que todas as vezes que o médico passava pelo corredor, era obrigatório colocar os pés fora da cela para a inspeção. Lembro-me de um para quem o movimento para medir-lhe o crânio parecia de tal forma perigoso e diabólico, que, se não fossem os guardas, ter-me-ia matado.

4. Imprevidência

Esta inconstância mental explica por que os ladrões falam, e até com a polícia, sobre seus delitos e como diz o provérbio comum nos meios carcerários:

"O próprio réu, sem qualquer insistência,
inadvertidamente se manifesta" (Ariosto)

e que se deixam manipular e indagar como se fossem crianças. "Os ladrões são tão estúpidos que não tentam fazer-se espertos com outros. Muitos, malgrado eu soubesse ser delatores, contavam-me os projetos deles". (Vidocq)

Essas confissões fáceis dependem, em grande parte, também do hábito que os delinqüentes têm de associar-se amigavelmente e confiar no primeiro que encontra, apesar de que a simples expressão e a gíria parecem tornar seu interlocutor propenso ao crime. A esta imprevidência, e ao amor à orgia entre cúmplices, explicam porque retornam, mesmo depois de afastar-se, ao lugar ao qual eram avessos de conviver, seja porque sejam escravos da paixão momentânea, seja porque não podem subtrair-se de satisfazer a um desejo favorável. Ainda mais, porque eles prevêem a possibilidade de uma desgraça, quando não já patente, e, ao menos não avaliam a gravidade dela, que sempre lhe parece atenuada, diluída.

Um efeito da imprevidência deles e da falta de toda consciência do mal é a tendência de defender-se com argumentos, apegando-se aos pormenores sobre o modo com que praticaram o crime que enfim o confirmam, e só conseguem desviar um pouco a atenção do ponto principal. Assim fez comigo Cavaglia, falando do assassinato de seu chefe e cúmplice. Assim também aconteceu com Manara, que sustentava não haver dado 14 golpes em sua vítima, mas 13.

Os maiores delinqüentes, se também usam de grande habilidade para preparar os delitos, não sabem mais do que guardá-la para mais tarde e terminam, embriagados pela impunidade, por perder toda prudência e trair-se. Temos também no Fallaci uma prova segura.

São, em suma, pouco lógicas e imprudentes; e não só muitas vezes há desproporção entre o delito e a causa, mas há, quase sempre, um erro na execução, erro de que, com pouca sinceridade, os advogados aproveitam-se para demonstrar a inocência de seus clientes. Por mais que o delinqüente seja hábil, há na execução do crime, a imprevidência, que é parte de seu caráter. A violência e a paixão prepotente põem um véu ao critério. Até o prazer de executar o delito, de aproveitar a execução dele, de comunicar aos outros a notícia, são causa de tais erros na execução.

Lafarge, uma envenenadora, mandou ao marido uma macarronada envenenada, mas juntou uma carta pedindo ao marido para experimentá-la. Não pensou que o marido fosse interpretar que fosse só para experimentar. Além do mais, a carta denunciou a autora do atroz delito.

Rognoni matou o irmão e procurou um álibi, mas se esqueceu de lavar as marcas de sangue na própria roupa, e deixou, durante a execução do delito, aceso o fogo, que poderia conduzir os policiais e os vizinhos para o local e descobrir os traços do crime. Esse erro é semelhante ao de Rossignol, que guardou no seu baú duas bengalas de sua vítima.

Fusil fugiu a tempo depois de consumado o crime de roubo, trocando de nome em seguida, mas depositou o dinheiro roubado na Caixa Econômica em seu pseudônimo e não pôde depois retirar por ter depositado em nome de pessoa inexistente. O assunto teve que ser comunicado à polícia, que identificou o autor do roubo.

5. Especialistas do delito

Comenta-se que se os malfeitores célebres tivessem aplicado no trabalho honesto a mesma inteligência e perseverança que aplicaram no delito, teriam chegado a altas posições, mas não é o que acontece. Eles têm grande talento, mas é para o delito; é no delito que eles o aplicam. São mais safados do que hábeis e se as combinações deles são engenhosas, faltam-lhes a coerência e a tenacidade.

Apenas atingem o objetivo imediato, que é freqüentemente o da satisfação de uma necessidade material momentânea, acabrunham-se, até que novos apetites os lancem a novos empreendimentos. Porém, não é assim que se fazem fortunas.

Muitas vezes parece extraordinária a habilidade de alguns delinqüentes. Contudo, se olharmos bem, cessa toda maravilha. Eles se dão bem porque repetem freqüentemente os mesmos atos. Também os idiotas, em um movimento continuamente repetido, podem parecer habilíssimos. Entre os ladrões, há aqueles que só atacam as lojas e outros só as casas. Além disso, entre eles mesmos há as subdivisões do infame trabalho. Assim, Vidocq fala dos ladrões de casas que entram numa aventura, ou seja, tentam mudar de especialidade. Fala ainda de outros que preparam por longo tempo o delito, pegando um apartamento vizinho.

Escreve Locatelli que os malfeitores quase sempre têm um método próprio e realmente especial de cometer suas velhacarias. Não todos, por exemplo: os assaltantes, ao espoliar suas vítimas usam palavras ameaçadoras que a crença popular sempre põe na boca deles. Também ladrões habilíssimos em arrombamentos, ladrões que ao mais leve rumor mantêm-se em fuga, e ladrões que seriam capazes de introduzir-se em uma sala de conversação plena de gente; ladrões que têm tanta leveza de mão a tal ponto de serem capazes de roubar a camisa do corpo de um homem sem que este se dê conta disso, e depois, entretanto, não ter a audácia de transpor a soleira de uma casa ou de uma loja deixada sem vigilância. Há ainda ladrões que roubam tudo que chegar à sua mão, e ladrões que não se dignam a incomodar-se com coisas de pouco valor, como também ladrões espertíssimos no cometimento de roubo de gado não tendo a audácia de impedir a fuga de uma galinha.

6. Envenenadores

Os envenenadores são quase todos das classes mais elevadas, e de cultura acima da comum, médicos ou químicos, de aspecto simpático; são sociáveis, persuasivos. Estes até fascinam as suas vítimas, escolhidas entre os grupos mais selecionados, ou mulheres, mormente as mais lascivas. A segurança da impunidade é uma espécie de volúpia no delito; impulsiona-os a golpear mais pessoas e operar quase sempre sem uma razão. É o caso da Lambi, que além do marido e dos filhos, envenenou uma amiga e até uma vizinha, com a qual não tinha qualquer relação de interesse.

É o caso também de Zwanziger, que envenenou além de pessoas de seu serviço, a companheira, que parecia ser sua primeira afeição. Quase todos tiveram como motivação a cupidez, o amor, porém mais ainda a luxúria. Hipócritas, calmos, dissimuladores, até o último instante da vida protestam pela própria inocência, e levam para o túmulo o segredo de sua culpa. Em nosso tempo, é bem rara a associação com outro cúmplice, enquanto há alguns séculos atrás acontecia o contrário nas altas classes da França e de Roma antiga, onde esse delito assume forma epidêmica, especialmente entre as mulheres.

7. Pederastas

Os pederastas freqüentemente de elevada cultura e talento (funcionários, mestres), ao contrário dos primeiros, têm uma estranha necessidade de associar-se no delito e formar verdadeira congregação, que se reconhece, num olhar, ainda que viajando em país estrangeiro. Não saberemos compreender, nem acreditaremos, sem a correspondência revelada por Casper e Tardieu, como os amores infames possam se misturar com tanto romantismo e misticismo.

Os atentados deles quase nunca se concentram sobre um indivíduo só; às vezes, ao contrário, entre muitos e quase contemporaneamente. Menos estranho é ver como esses delinquentes, se forem de classes elevadas, amam os trabalhos e as roupas femininas. Os uniformes e a postura ornada de bijuterias, com os ombros descobertos e com cabelos encaracolados, se ligam aos maus hábitos. Também gestos esquisitos pela arte fazem recolher quadros, flores, estátuas, perfumes, quase extraindo por atavismo, junto com vícios e gostos da antiga Grécia. São muitas vezes honestos ao menos, e cônscios de serem culpados até ante si mesmos, lutam longamente com infames inclinações, lamentam-nas, deploram-nas e as escondem. Os de classe inferior amam a vida de baixo nível, preferem odores fortes, adotam nomes femininos e são o instrumento dos furtos mais vulgares, mais atrozes assassinatos e chantagens.

8. Estupradores

Muitos estupradores têm os lábios grossos, cabelos abundantes e negros, olhos brilhantes, voz rouca, alento vivaz, freqüentemente semi-impotentes e semi-alienados, de genitália atrofiada ou hipertrofiada, crânio anômalo, dotados muitas vezes de cretinice e de raquitismo.

9. Ladrões

Os ladrões, que, como as meretrizes, são apaixonados por cores berrantes: amarelo, vermelho, azul, por berloques, correntes, e até por brincos, são os mais ignorantes da espécie delinqüente. Quase sempre assustados e temerosos de serem pegos de surpresa, aproveitam toda ocasião para mudar o discurso. Fazem-se amigos e confidentes ao primeiro que encontram e conversem na gíria, como digno colega. Acreditam nos sonhos, nos presságios, nos dias nefastos. Não raras vezes demonstram amores românticos, mas preferem sempre as prostitutas, que são as naturais aliadas deles.

Escreveu Vidocq que quem convive com prostitutas é um ladrão ou um espião. Tendem a associar-se no crime; vivem bem no meio dos rumores e dos gritos das grandes cidades; fora delas são como peixe fora da água. São incapazes de um trabalho continuado, mentirosos descarados, e pouco suscetíveis de correção, especialmente se mulher, na maioria meretrizes.

10. Estelionatários

Os estelionatários são como os jogadores (estes são freqüentemente) supersticiosos, espirituosos, muito lascivos. Mais capazes do que os outros criminosos, de uma boa ou péssima ação. São carolas e hipócritas, com ar doce e benevolente, vaidosos, e, por isso, pródigos com a mal conquistada riqueza, muitas vezes dementes ou simuladores de demência, ou os dois casos juntos.

11. Assassinos

Os assassinos apresentam, com estranhos, modos doces e compassivos, ar calmo. São pouco voltados ao vinho, mas muito ao amor carnal. Mostram-se audazes entre eles, arrogantes, soberbos dos próprios delitos, nos quais despendem mais audácia e força muscular do que a inteligência. O que parece grande habilidade é efeito da repetição de uma mesma série de atos. Boggia induz sua vítima, dirige-a à adega ou ao porão e a mata num só golpe. Dumollard promete às vítimas um trabalho, leva-as a um lugar ermo, rouba-as, estrangula-as e as sepulta. Soldati atrai as vítimas a local afastado, estupra-as e queima os cadáveres. Claude adiciona: "uma singular particularidade nos assassinos é a de serem, fora da função deles, as pessoas mais alegres do mundo, procuram antes de tudo a companhia dos cômicos".

12. Ociosos e vagabundos

O já citado Locatelli escreveu: "O ocioso e vagabundo é quase sempre de humor hilário e alegre, razão pela qual ele é o palhaço predileto dos ladrões e assassinos, nos cárceres. Ele é, melhor dizendo, sóbrio e de temperamento calmo, razão porque se afasta das altercações clamorosas, e sobretudo das rixas e do sangue. Conheci alguns deles, condenados uma dezena de vezes à prisão. Endurecidos ante o espetáculo cotidiano das misérias e das maldades humanas, arrepiam-se à notícia de um assassinato, e censuram viva e abertamente o autor em pleno consórcio carcerário, com risco da segurança.

Na escala da delinqüência, dificilmente eles ultrapassam os primeiros postos, não porque lhes importa a censura da opinião pública, mas porque repugna verdadeiramente ao ânimo deles ultrapassar a mais grave ofensa às pessoas e à propriedade. Não me lembro de algum ocioso que tenha alegado, por justificação própria, a falta de força muscular (salvo no caso de moléstia), enquanto todos ou quase todos alegam, para escusar-se, a dificuldade de encontrar trabalho de sua especialidade. Não poucos dos habituados à ociosidade abominam o trabalho, não só pela fadiga material mas porque são dominados pelo tédio insuportável da uniformidade dos movimentos musculares, a que a divisão do trabalho nas grandes manufaturas condena o operário. Outros ociosos, ao invés de trabalhar na especialidade para a qual foram preparados, preferem até arriscar a saúde e a vida em empresas muito perigosas.

Um certo Guido, sapateiro de profissão, demonstrando invencível repugnância pela avareza e pelo comprometimento, às vezes andava esmolando com uma perna dobrada, de modo a simular uma incurável contratura. Arriscava a vida para dar caça aos gatos no teto dos vizinhos em plena noite rigidamente invernal. Procurava animais que perturbassem, arriscando-se a mordidas e arranhões a tal ponto de dilacerar a pele.

Eles não são, de ordinário, suscetíveis de violentas paixões eróticas, das paixões que têm o poder de impelir ao delito os verdadeiros malfeitores. Mayhew divide-os em mendicantes navais, militares, mostradores de documentos falsos, simuladores de doenças e mudez. A necessidade de não se cansar e as alegrias descuidadas, artísticas, que formam o caráter deles, tornam-nos estranhos inventores de profissões, que ninguém fora deles adota, porque ninguém tem o instinto do ócio espirituoso. Um especializou-se em dar bofetões tão barulhentos como os de uma briga e que atraíam a multidão, mas sobretudo os policiais.

13. Delinqüentes geniais

Não se pode negar, todavia, que apareçam, cá e lá, delinqüentes verdadeiramente geniais, criadores de novas formas de delito, autênticos inventores do mal. Certamente era homem genial o Vidocq, que conseguiu evadir-se uma vintena de vezes e fez cair nas mãos da Justiça uma centena de delinqüentes e traçar com suas memórias uma verdadeira psicologia do delito. Também o era o Cagliostro que roubava e tapeava príncipes e reis, e quase se fazia passar por um homem inspirado, um profeta.

Gênio especial tinha o Norcino e o Pietrotto, que nenhuma prisão da Toscana conseguiu manter preso por mais de um mês. Fugiam depois de avisar seus carcereiros. E também o Duboisce, que, não só conseguiu, depois de uma condenação à morte, evadir-se, mas levou também sua amante, da prisão.

G Ruschovich, alto e destro pessoalmente, de olhos inteligentes e sagazes, falava perfeitamente árabe, grego, romeno e alemão. Era conhecedor de ciências físicas, especialmente da química. Não era tampouco ignorante das belas letras e sobretudo da história e da medicina. Condenado em 1845, pelo Tribunal de Trieste, à prisão, e depois pela Corte Criminal de Londres, a seis anos de servidão penal por crime de falsificação, conseguiu com nova falsidade, não só ser libertado da prisão, mas também obteve indenização de 200 libras esterlinas. Ia conseguir mais 500 quando foi descoberto que era falsa a carta de uma alta autoridade endereçada à Rainha da Inglaterra, contando que um inglês fora condenado à revelia por falsidade, encontrando-se no fim da vida em um hospital de Paris e tinha sido declarado culpado pela falsidade atribuída a Ruschovich.

Fugindo da Inglaterra, refugiou-se na Bélgica, onde sob o nome de Osman Jussuf envolveu-se em imputação de assassinato e falsidade com Allah-Bey. Na França, sob o nome de Frank Weber, apresentou-se em Paris aos banqueiros Blaques com uma letra de 800 libras, com assinatura falsa de uma empresa e conseguiu receber 400 libras. Por este fato e por outras três falsificações foi processado pelo Tribunal de Paris.

Conseguiu, porém, fugir para a Itália, munido de passaporte da legação italiana, com nome fictício.

Para obter esse passaporte, ele escreveu ao prefeito de Melegnano para ter uma certidão de nascimento, dizendo que seus genitores emigrando da Lombardia o tinham levado criança para a América. Pouco depois a morte atingiu seus genitores, sem mais saber de sua família, pois os registros foram queimados nas guerras que assolaram a região. Da resposta do Prefeito forjou a carta que apresentou à legação italiana.

Indo a Milão, exerceu ilegalmente a medicina, distribuiu remédios grátis aos pobres, discutia em reuniões com outros médicos; tratou de um advogado com sucesso e namorou sua filha, preparando até o casamento, ao mesmo tempo em que mantinha amores com uma meretriz.

O mesmo Locatelli conhece um ladrão que sabia de cor as disposições do Código Penal e do Código de Processo Penal, não só o italiano, mas também o austríaco sobre os quais fazia confrontos muito argutos. Ele dava consultas aos próprios colegas, que o chamavam de "doutor em direito" e tinham nele mais confiança do que nos verdadeiros advogados.

Baumont esvaziou, em pleno dia a caixa da polícia francesa, fazendo-se de guarda durante uma operação, como se fosse uma sentinela, da verdadeira guarda de honra. Outro, o Jossas, meditava anos inteiros, levantando o sistema de fechadura com expedientes sofisticados. Um caixa que nunca havia mostrado a chave a quem quer que seja, um dia fez com Jossas um passeio no campo e no meio do caminho encontraram uma mulher grávida, que lhes pediu socorro por estar com hemorragia no nariz. Havia necessidade de um objeto metálico para furar um tumor e o caixa lhe emprestou a chave, do que aproveitou Jossas para fazer um molde, como o qual fez cópia da chave, que lhe permitiu roubar a caixa de uma empresa.

Em Viena, em 1869, foi preso um ladrão que inventou 32 instrumentos para abrir fechaduras secretas. Em Sing-Sing, no cárcere judiciário, um detento construiu uma destilaria com restos de maçãs e batatas da merenda carcerária. Contudo, também esses delinqüentes geniais apresentavam falta de previdência ou de astúcia para levar a cabo seus desígnios infames. Também no gênio deles aparece a inconstância característica dos delinqüentes. O Ruschovich, de cuja inteligência extraordinária já havíamos falado aqui, escreveu no cárcere à sua amante para que fizesse desaparecer de certos lugares do seu apartamento, diversos objetos que pudessem comprometê-lo. Pediu ainda para que, de diversas origens, fizessem chegar às mãos da autoridade cartas que pudessem desviar os traços do culpado. Todavia, os encarregados do envio das cartas não compreenderam a sutileza do plano, e a polícia na posse daquelas cartas examinou minuciosamente o apartamento nos pontos indicados e acabou encontrando assinaturas de empresas e estudos caligráficos para imitá-los, carimbos e sobretudo o passaporte mostrado em Livorno ao banqueiro Uzielli, sobre o qual o estudo dos peritos caligráficos levantou a falsidade cometida, mudando o nome do morto Charles Readly para o de Beadham.

Conheci um ladrão de tão bela inteligência, que tinha podido até fazer carreira na área científica como na vida social, mas também nesta faltava a mobilidade. Um traço de espírito, um epigrama, fazia-lhe às vezes de recomendação. Habilíssimo em imitar, era porém incapaz de criar. Granjeava a estima pública só com a fácil verbosidade, que se tornava eloqüência quando era animado por alguma paixão.

Em suma, geralmente, todos estes, também os gênios têm mais safadeza (como os selvagens) e mais espírito, não talento. Não têm coerência nem continuidade no trabalho psíquico – potente, mas de ímpeto – e quase nunca perseverante.

14. Delinqüentes científicos

É por isso que, malgrado o gênio tenha uma espécie de neurose congênita, como a criminalidade, muito escassos são os delinqüentes no mundo científico. Destes ainda, alguns não são bem acertados. Não pude recolher com segurança, a não ser o de Bacone, cujos delitos de peculato foram em grande parte efeito de debilidade de caráter, mais do que de ânimo perverso; de Salústio e de Sêneca, acusados também estes, mas sem prova, de peculato. Foi também o caso de Cremani, célebre jurista e penalista, que mais tarde se transformou em falsário; de Demme, potente talento cirúrgico e também ladrão e envenenador. Nenhum matemático, nenhum naturalista, que eu saiba, ao menos de primeira linha, sofreu condenação por delito comum. Sabe-se só de Cesalpino, que por um crime de que se ignora a natureza, perdeu a nobreza. É também o caso de Avicena, um epiléptico, e na velhice, inquieto e exagerado no ópio, que dizia que a filosofia não garante um viver honesto, nem a medicina conserva a saúde. Na Áustria, nos conta Messedaglia, a classe que apresentou, em 14 anos, menor número de delitos é a dedicada às ocupações científicas.

Nada de anormal há nesses casos. O homem propenso a respirar a serena atmosfera da ciência, que é por si o objetivo e o deleite, homens experimentados nos critérios da verdade conseguem mais facilmente dominar as paixões brutais, e naturalmente repugnam a tortuosa e estéril via do delito. Por outro lado, essa, mais do que as outras causas, apontam o delito como não só injusto e ilógico, mas também improfícuo, retorcendo sempre contra quem o tiver cometido.

Menos favorável se apresenta a criminalidade nos literatos e artistas. Em muitos destes as paixões, prevalecendo bem mais, porque entram entre os mais potentes fatores da inspiração, são menos freadas pelos critérios da verdade e pelas severas deduções da lógica. Devemos incluir entre os delinqüentes Bonfadio, Rousseau, Aretino, Ceresa, Fóscolo e talvez até Byron. E não falo dos tempos por demais antigos e de países selvagens, em que o banditismo e a poesia se davam as mãos; como mostram os poemas de Kaleiva Peag e Helmbrecht. Mais criminosos ainda parece que foram Albergati, comediógrafo pertencente à alta aristocracia e foi uxoricida por ciúme; Muretto, que foi condenado por delito libidinoso na França, e Casanova, que projetou um engenhoso e extraordinário esquema de matemática, finanças e com uma vida voltada ao estupro e ao estelionato sobre os quais deixou um relato completo e cínico de suas memórias.

François Villon, famoso poeta francês, era de honrada família e recebeu esse nome (villon=gatuno, ladrão) quando se tornou célebre na velhacaria – à qual foi levado pelo jogo e pelas mulheres. Começou roubando objetos de pouco valor, tanto para oferecer um bom repasto às suas amigas e aos companheiros de ócio, especialmente vinho. O maior furto cometido por ele, realçado pela fama, foi quando uma amante, em cujas costas vivia, como é costume entre os ladrões, colocou-o na rua, à noite em pleno inverno. Andava armado com valentões para atos de banditismo até que foi preso pela segunda vez e por pouco não foi condenado à morte.

Luciani na Itália e Lesfrois na Inglaterra, o primeiro o mandante e o segundo o assassino, eram distintos jornalistas, mas este parece que era toxicômano.

Todos esses casos não são de espantar. Para os profissionais, a ciência não é um fim, mas um meio, se não houver outra força que baste para domar as paixões. Não há melhor estímulo que ocorra para fornecer armas ao delito, ao qual a profissão oferece às vezes um empurrão, facilitando, por exemplo, o envenenamento aos médicos, a falsidade aos advogados, o atentado ao pudor aos mestres.

Grande parte das meretrizes é verdadeiramente iletrada. Em 4.470 na França, Parent encontrou apenas 1.780 que sabiam assinar o próprio nome e só 110 tinham instrução superior. Todavia, esta mesma relação não há em Londres, onde para 3.498 prostitutas iletradas havia 6.052 que sabiam ler e escrever imperfeitamente, 355 que sabiam ler e escrever bem e 22 com instrução superior.

15. Comparação com a inteligência dos dementes

Confrontando, em relação à inteligência, os dementes com os delinqüentes, vemos naqueles prevalecer bem menos a preguiça. Entre os dementes se mostra uma atividade exagerada mas estéril, que se consuma em assonância eufônica, em trabalhinhos inúteis e improfícuos. Conheci uma demente que recobria de papel os tijolos e até os urinóis, e amarrava os livros por amor à simetria, e cortava às vezes parte de um texto.

Os delinqüentes não desenvolvem sua atividade a não ser por próprias, diretas e imediatas vantagens, mais para o mal do que para o bem. Vice-versa, enquanto esses têm pouquíssima lógica, os monomaníacos a têm de sobra. Por isso, é mais fácil encontrar alienados de alto saber do que entre os delinqüentes. E basta dizer que apenas alguns, como Bacone, Salústio e Sêneca se inclinaram para o crime, mas podemos citar Comte, Ampère, Newton, Pascal, Tasso, Rousseau e tantos outros como mais ou menos melancólicos e monomaníacos.

Os pintores, ao contrário, parecem-me abundar mais entre os delinqüentes do que entre os alienados. Contudo, de forma bem diferente acontece com os grandes mestres da música: basta citar Beethoven, Gounod, Donizetti, Schuhmann, Mozart.

Quanto ao nível de instrução, pode-se dizer que como ela favorece a algumas minguadas espécies de crimes, também aumentam algumas demências, como por exemplo, as doenças, o alcoolismo, as manias literárias, diminuindo outras, como as demonomanias e as monomanias religiosas e epidêmicas, as manias homicidas e dando a todas um colorido menos violento e ignóbil.

13. REINCIDÊNCIA PRÓPRIA E IMPRÓPRIA. MORAL DOS DELINQÜENTES

1. Estatísticas italiana, russa e francesa das reincidências
2. Reincidência e sistemas prisionais. Crimes nas prisões
3. Reincidência e instrução – 4. Reincidência imprópria: Reincidência segundo os vários crimes, Reincidentes jovens, Provérbios populares, Senso moral – 5. Remorsos
6. Não sentem ainda quando compreendem o mal. Idéia da justiça, freqüentemente certa – 7. Injustiça recíproca
8. Comparação com os dementes – 9. Comparação com os selvagens – 10. Origem provável da justiça.

1. Estatísticas italiana, russa e francesa das reincidências

Todas as estatísticas penais são unânimes em mostrar a constância e a freqüência sempre maior das reincidências nos delinqüentes. Verdade é que em alguns países a reincidência parece muito escassa. Isto depende, não da falta de reincidência, mas da falta de registro, por não haver arquivo judiciário ou equivalente. Realmente, essas cifras se vêem aumentar nos próprios países com o aperfeiçoamento dos institutos jurídicos e com a introdução dos registros. Na Itália, de 1876 a 1880, os reincidentes condenados pelos tribunais aumentaram de 18 a 19,45%. Os condenados pelo tribunal do júri subiram em 1878 a 13%, em 1880 a 21,5% e 1882 a 22%.

Portanto, em doze anos dobraram. Entre os condenados, foi observado em quatro anos (de 1872 a 1875) um aumento de reincidentes de 17 a 21%. Enfim, do ano de 1870 a 1879, enquanto os condenados por uma só vez cresciam na proporção de 100 a 121, os reincidentes aumentavam na proporção de 100 a 176.

Na França, o acusado reincidente (tribunal de júri) aumentou só 10% em 1826, mas em 1850 a 28%. Em 1867, isto é, 17 anos após, depois que foram introduzidas as estatísticas judiciárias foram a 42%. Em 1871-1875, 44%, em 1876, 44%, em 1877, 48%, em 1878, 49%, e em 1879, 50%.

Na Bélgica, calcula-se 70% para os reincidentes em 1869-1871. Na Dinamarca, nos estabelecimentos penais em 1872-1874 notaram-se 74% para os homens e 71% para as mulheres, de reincidentes. Na Prússia, havia uma cifra oscilante entre 77 e 80% nos saídos dos estabelecimentos penais de 1871 a 1877 para os homens e 74 a 84% para as mulheres.

2. Reincidência e sistemas prisionais. Crimes nas prisões

Não há sistema carcerário que salve os reincidentes; ao contrário, as prisões são as causas principais deles. Brétignères De Courtelles atesta que em Clairvaux, 506 reincidentes por furto e vadiagem só tinham agido para poder encontrar uma vida mais fácil na prisão. Em 115 presos, 17 declararam não haver tomado qualquer precaução na prática do crime, porque tinham necessidade de estar um ou dois anos na prisão, para restaurar a saúde gasta na orgia. Os reincidentes, continuou ele, entram na prisão contentes, como se entrassem na própria casa, e os companheiros ficam felizes de revê-lo e saudá-lo com a alcunha de "viajante".

Bréton (*Presídios e Presidiários* – 1875) fala de um miserável que cometeu pequenos furtos para voltar à prisão, mas, em vez do cárcere comum, foi parar numa solitária. Lamentava-se: "A justiça me tapeou e não me acolhem mais nesta província".

Queixava-se o chefe de bando Hessel, encarcerado 26 vezes, que o cárcere não o tivesse melhorado e não pudesse querer a liberdade, que era a miséria e a fome. Ele respondeu no depoimento: "Tranqüilizai-vos para que tenhamos dez dedos; não sofreremos miséria a céu aberto. Onde vocês encontrarão melhor abrigo do que na cadeia? Eu vi uma família inteira de ciganos ser condenada 16 vezes por vadiagem. Na boa estação saía e mendigava com ar ameaçador; no inverno fazia-se prender para encontrar pão e roupa: a prisão tornou-nos melhores? Se tivéssemos encontrado modo de viver largamente em todas as estações, certamente teríamos preferido o ar livre".

Sobretudo, parece constante a reincidência nas mulheres. Como veremos mais adiante, as reincidências repetidas são mais freqüentes do que nos homens. Prostitutas, disse Parent Duchatelet, poucas há que tenham realmente se arrependido. Vêem nos casos de penitência um modo de melhorar as condições delas. E Tocqueville observou que na América as moças dadas à delinqüência são muito mais incorrigíveis do que os rapazes.

Nem tampouco se deve esperar que a melhoria dos sistemas carcerários possa prevenir ou diminuir a reincidência. Na França, em 100 liberados da prisão em 1859, 33 homens e 23 mulheres retornaram no ano seguinte. Na Prússia, atesta-se oficialmente, não ter a solitária favorecido aos réus por paixão, os quais não são verdadeiros criminosos habituais, e de fato sobe de 60 a 70% o número dos reincidentes, cifra esta de 70% que se tem exatamente na Bélgica, em Lauvain, onde o sistema celular é aplicado há doze anos.

3. Reincidência e instrução

Se pouca influência os sistemas prisionais têm na reincidência, ajuda menos (e uma coisa se liga à outra) o grau de instrução. Ao invés, este parece aumentar a reincidência. Dentro em pouco veremos como a instrução, que segundo crêem pesquisadores superficiais desse assunto, seja uma panacéia de delitos, é uma das causas da reincidência e, pelo menos, um de seus fatores indiretos.

Quem, como Locatelli, que indaga como pode acontecer essa influência perniciosa da instrução, notará que o delinqüente na prisão aprende com a arte de ferreiro ou do calígrafo os meios de delinqüir com menor perigo e maior vantagem. Notará, ainda, que o agressor se transforma em falsário, o ladrão em estelionatário ou moedeiro falso. Não há, pode-se dizer, entre as várias categorias, nada além de menor grau de cultura para o crime, sendo psicologicamente e muitas vezes anatomicamente iguais uns aos outros.

Eis por que vemos, segundo Bettinger, que os reincidentes abundam sempre entre os delitos de reflexão e mais entre aqueles contra a propriedade, dando os furtos 21%, a rapina 10%, os homicídios só de 5 a 3%.

4. Reincidência imprópria: Reincidência segundo os vários crimes – Reincidentes jovens – Provérbios populares – Senso moral

Este fato é de alta importância porque nos indica o quanto é inútil, no que diz respeito à moralidade verdadeira do réu e a sua culpabilidade, ou seja a distinção que os códigos enriquecem: a reincidência própria e imprópria. Esta última, de resto, é sempre a mais escassa. Acumula realmente a reincidência própria entre nós em 1872-1875, bem entendido com exceção dos delitos de ímpeto, os quais não têm, a bem dizer, quase nunca reincidência.

A cifra dos reincidentes torna-se sempre maior se forem considerados alguns grupos de crimes, nos quais estes se repetem e em que não reincidir torna-se quase uma exceção. Isso se verá na estatística dos reincidentes de 1874 a 1878, da qual apanhei os crimes de índole realmente política (expulsão de refugiados estrangeiros, delitos de imprensa) e não realmente de delinqüência no sentido antropológico (armas proibidas), e ajuntando crimes e delitos tidos como categoria que proporcionam a máxima reincidência.

Pondo à parte os que se tornam crimes de enfurecer os partidos políticos ou que se devam à muito minuciosa polícia francesa (rebelião), pode-se dizer que estas cifras representam a cota dos delinqüentes natos. E quem as estuda sem levar em consideração a diferença dos delitos, como fazemos, deduzindo as tabelas de Ferri, acha que resolvem em revolta das forças armadas e associações para delinqüir, furtos, vadiagem, ferimentos, bigamia, veriam em uma reação bem mais escassa os assassinatos, os moedeiros falsos, os parricidas, os incendiários, os homicidas, os estupradores, os falsários, falso testemunho, trapaças, ameaças, em último, a falência fraudulenta e a extorsão.

Às estatísticas adicionam-se as mortes, numerosíssimas, graças às orgias habituais nos delinqüentes, e a dos delitos não admitidos ou punidos pela maior habilidade adquirida nas prisões, termina por concluir que o número dos reincidentes reais nesse grupo de criminosos difere um pouco dos revelados. Mais exatamente isto quer dizer que não há quase algum deles que não seja reincidente. E nisso me apraz encontrar-me de acordo com um ilustre adversário, o Tancredi, que escreveu na sua douta obra: *O Delito e a Liberdade da Vontade-1875*: "A reincidência é bastante a regra geral para os condenados, mal apenas se encontram em liberdade". Lembro-me de haver lido a esse propósito, que apenas saído da prisão, onde esteve por roubar vinte liras de um companheiro de cela, roubou sessenta na mesma circunstância, de um outro.

O que mais importa é que a consciência popular sentenciou há séculos:

- Semel malus semper malus = Igual ao mal é sempre o mal.
- Os ladrões não se arrependem jamais.
- Quem começa mal, termina pior.
- Vizio per natura, fin alla fossa dura = Vício por natureza, termina na fossa dura.
- Quem de um vício quer se abster, peça a Deus não o obter.

Maudsley escreveu que o verdadeiro ladrão, pode-se dizer, como do poeta que nasce tal e se torna tal. É como crer que se poderá reformar o que se formou por sucessivas gerações. E cita Chatterton que na prisão ouvia ladrão declarar que ainda que tivesse se tornado milionário, continuaria a roubar. Nove entre dez dos condenados são assim.

O senso moral falta na maioria deles. Muitos não compreendem realmente a imoralidade da culpa. Um ladrão milanês me disse: "Eu não roubo, apenas tiro dos ricos o que sobra para eles. E, além do mais, não roubam os advogados, os negociantes? Por que só a mim acusam e não a eles?"

Um tal Rossatti, de quem descrevi a fisionomia me disse: "eu não imitarei meus companheiros, que fazem mistério de seus delitos, eu me gabo deles. Roubei, mas, mais de 10 mil liras: atacar a peso tão grande creio ser mais especulação do que um furto. E chamam de chaves falsas as que nós empregamos, mas eu as chamo chaves de ouro porque se abrem os cofres dos ricos sem esforço".

E um outro seu digno colega disse: "Feia ação de roubar, dizem os outros, não eu; eu roubo por instinto. Para que um homem nasce nesse mundo? Para desfrutá-lo. Se não roubasse não poderia desfrutá-lo, portanto, não poderia viver. Nós somos necessários ao mundo como eles. Se não fôssemos nós, que necessidade haveria de juízes, de advogados, de carcereiros. Somos nós que os mantemos".

Lacenaire, acenando ao cúmplice Avril, dizia: "Entendi que podíamos misturar juntos a nossa "indústria". Há, portanto, concluía o procurador do rei, homens para quem o assassínio não é uma necessidade extrema, mas uma tarefa que se propõe, discute e examina como um ato qualquer. Tortora, a quem no júri o acusava de ladrão: "que ladrão! Ladrões são os nobres da cidade e eu, matando-os, só dou a eles o que merecem".

Disse Hessel aos juízes: "Nós somos um orgulhoso chefe de bando. Deus nos enviou à terra para punir os avaros e os ricos; nós somos uma espécie de flagelo divino. E, além do mais, sem nós o que fariam os juízes?" Vê-se, em suma, inverter-se completamente a idéia do dever. Eles se julgam no direito de roubar, e matar, e que a culpa seja da sociedade, tanto que Deus os deixa agir à vontade. E chegam até a atribuir mérito ao delito.

Os assassinos, principalmente os por vingança, acham que praticam ação honesta e algumas vezes heróica, ainda que peguem a vítima na emboscada. Assim, Martinelli, ao estimular um mandatário a matar um de seus inimigos, igualava a sua infame ação à dos antigos romanos, que vingavam com sangue a honra ofendida. A culpa, ao contrário, era dos outros, que se opunham aos seus desejos. O B., que era dado ao banditismo desde jovem, e na companhia de Schiavone, tinha matado uma dúzia de homens, lamentava-se de ter sido condenado a vinte anos. Para ele, dez bastavam pois que, se matou tantos, era seu dever. Porém, ele tinha matado também tantas mulheres, tendo dito que elas mereciam por ter tentado fugir.

5. Remorsos

Fala-se freqüentemente de muitos dos remorsos dos delinqüentes. Por isso, poucos anos antes, os sistemas penais tomavam como ponto de partida o arrependimento dos culpados. Mas, quem conviveu, ainda por pouco tempo, no meio desses infelizes, adquire a certeza de que eles não têm remorso. Segundo Elam e Tocqueville, os piores detentos são os que melhor se comportam nas prisões, porque tendo mais talento do que outros e por serem mais bem tratados conseguem simular honestidade.

Os carcereiros dizem que é mais fácil transformar um cão numa raposa do que um ladrão num cavalheiro. Tompsom observou que, em 410 assassinos 1 só verdadeiramente estava arrependido, e 2 entre 30 mulheres infanticidas. Eu estudei 390 deles, não economizando qualquer meio para ganhar a confiança, e apenas 7 admitiram ter cometido delito e 2 se orgulhavam de suas ações. Todos os outros negavam veementemente e falavam da injustiça dos outros, das calúnias, da inveja de que foram vítimas.

Um filósofo muito mais célebre do que seus méritos, o Caro, escreveu: "Vejam como os próprios criminosos acham justa a pena; eles negam o delito mas concordam com a pena". Opinião ridícula, ainda mais absurda. Atrevem-se a negar um fato de que eles mesmos constituem testemunhas dolorosas em todos os momentos. Todavia, se eles sentissem deveras remorso, veriam justiça na pena, confessariam o fato, principalmente pessoas benévolas e estranhas ao tratamento que infringem a eles. Sentiriam primeiro a necessidade de expandir-se, de justificar-se perante a sociedade, com mil e uma razões, que o ser humano sempre encontra em sua defesa. Mas a tenaz, obstinada negação do próprio delito demonstra que eles nunca se arrependem.

Os poetas fantasiam as imagens turbadas dos homicidas e Despines disse: "Nada se parece tanto ao sono do justo como o sono do assassino". Muitos malfeitores revelaram, realmente, arrependimento, mas eram extravagâncias ou cálculos hipócritas com que pretendiam usufruir as nobres ilusões dos filantropos, e apagar ou melhorar as condições presentes.

Assim, Lacenaire, depois da primeira condenação, escrevia ao amigo Vigouroux, para pedir proteção e dinheiro: "Infelizmente só me resta o arrependimento. Você poderá alegrar-se dizendo que reconduziu um homem do caminho do crime, para o qual não nasceu, pois sem você eu teria continuado a carreira infame". Poucas horas depois cometia um novo furto e planejava um assassinato. Ao morrer declarou não haver jamais compreendido o que seja remorso.

Em Pávia, Rognoni pronunciou no júri palavras comoventes que aludiam ao seu arrependimento. Recusou vários dias o vinho, alegando que ele recordava o sangue de seu irmão, assassinado por ele. No entanto, procurava na prisão contatos com outros condenados. Quando alguns destes mostravam repúdio às suas propostas, ameaçava-os com as palavras: "Já matei quatro, e pouco me importo em matar o quinto".

Lê Clerc se declarou arrependido perante o tribunal que o condenou à morte, e que teria merecido que lhe cortassem os pulsos, mas andando à execução, balbuciava ao seu companheiro: "Veja que fomos traídos porque não desconfiamos devidamente de B. Ah! Se o tivéssemos matado....!".

Há nos remorsos simulados uma desculpa para os delitos. Michielin assim justificava o golpe de graça dado à sua vítima: "Vê-la naquele estado causava-me tanto remorso, que a embrulhei para não lhe ver o rosto".

Lemaire disse: "Não me arrependo, a não ser de não ter sido hábil em matar todos (pai e filho). Se depois de condenado pudesse divertir-me e passear, paciência; mas, antes que trabalhar prefiro morrer". E recusou advogado, lendo ele próprio sua defesa, que era a apologia do homicídio. "Agi com premeditação, na emboscada. Não peço indulgência; piedade será manifestação de desprezo, por isso a devo repelir". Estaria arrependido, portanto, se lhes tivesse deixado modo de divertir-se. Avenain pediu o favor de ser enterrado com Lemaire, que tinha falado tão bem.

Alguma vez a aparência do remorso (precisamente a sombra que os romancistas preferem) é um efeito de alucinações e ilusões alcoólicas. Philippe e Lucke, logo depois de cometido o delito, viam as sombras de suas vítimas; eram presas dos acessos do alcoolismo e chegou a dizer após a condenação: "Se não me mandassem a Caiena, teria repetido o golpe".

Algumas vezes, o que parece remorso é apenas o efeito do medo da morte, ou de uma idéia religiosa que toma a forma, mas quase nunca a substância do arrependimento. O exemplo talvez mais clássico, vimos na Marquesa de Brinvilliers, que parecia ao venerando Poirot um modelo de penitência, e escrevia nas últimas horas ao seu marido: "Morro de uma morte honesta procurada por meus inimigos". Quem assim declara é uma parricida e fratricida. E quando o confessor convidou-a a mudar aquela conversa, confessou-se incapaz de pensar de forma diferente. Conduzida à morte, declarou que ainda naquele momento lhe vinha a idéia de lascívia e de vingança. E aludindo ao seu marido: "Poderia ele permanecer no meio daqueles que me odiaram?"

Encontrei um só caso de verdadeira metamorfose moral em um delinqüente nato. Apeguei-me à pessoa de U. Melicone, 40 anos, assaltante, com tio demente, crânio submicrocéfalo, olhos turvos, lábios sutis, que após 20 anos de pena teve alucinações religiosas, e se acreditou revestido de uma missão em louvor a Nossa Senhora, cuja imagem lhe aparecia na cela. A demência lhe tinha apagado todos os traços de tendência criminosa, fazendo dele um apóstolo e filantropo.

6. Não sentem, ainda quando compreendem o mal. Idéia da justiça, freqüentemente certa

Não raramente alguns vislumbram a maldade de suas ações, mas não porque as avalia como nós. Por exemplo, Dombey escrevia, após seu primeiro assassinato: "Espero que todos me perdoem essa maluquice". Rouet, saindo para o patíbulo, para onde o levou um assassinato com furto, murmurava: "Fazer morrer um homem por tão pouco!".

Quando o juiz perguntou a Ansalone: "Você não se toca de ao menos haver roubado um cavalo?" Respondeu ela: "Como poderia considerar isto um furto? Poderia um chefe de bando andar a pé?".

Outros acreditam que a malvadeza da ação seja diminuída ou justificada pelas boas intenções, como Holland, que matava para dar o que comer à mulher e ao filho. Ou então da impunidade de outros que cometeram crimes piores, especialmente se foram cúmplices, ou pela falta de uma determinada prova ou de sua insuficiência, ou de ser acusado de um delito diferente daquele realmente cometido. Acontece então que se arremetia violentamente contra a justiça, como se fosse esta que tivesse cometido o delito.

Os ladrões de Londres, observa Mayhew, acreditam que não causam mais malefício do que os falidos. A consulta contínua dos processos criminais e dos jornais os persuade de que há tratantes também na alta sociedade. Pobres como são de inteligência confundem a regra com a exceção, e deduzem disso não poder ser muito maldosa uma ação que é cometida por ricos e por isso não bastaria para condená-los. Escreveu o assassino Raynal no seu livro *Desgraça e Sorte*: "Sabendo que ¾ das virtudes sociais são vícios medrosos, cremos ser menos ignóbil o assalto brusco a um rico do que a condenação cautelosa da fraude. Diferente de muitos que misturam a probidade deles à espessura do código, não querendo adaptar a minha inteligência à malandragem, me fiz bandido".

O ladrão Giacosa dizia que há duas justiças no mundo: a "natural", ou seja, a que praticava quando dava a alguns pobres uma parte dos objetos roubados, e a "composta", isto é, a protegida pela lei social, a que ele não ligava.

Todavia, é mister convir que a idéia do justo e do injusto não é apagada, plenamente, em todos os delinqüentes, mas esta se torna estéril, porque é mais comprimida na mente do que é sentida no coração e é sempre sufocada pela paixão e pelo hábito.

Prevost, falando do autor ainda desconhecido dos homicídios cometidos, dizia: "A este a guilhotina não deve faltar". Lemaire dizia: "Sei que faço mal; se alguém viesse a mim e me dissesse que faço bem, eu lhe responderia: "você é um canalha como eu, mas não por isso, seguiria o bom caminho".

Nota-se que as meretrizes repelem a leitura de livros obscenos, como os condenados à prisão repelem os relatos de ações injustas ou infames. Uma prova que muitos compreendem ser do mau caminho, nós a temos também ao ver os filósofos do crime e os ladrões enriquecidos, assim como as prostitutas, fazendo todo o possível para que seus filhos não os sigam na triste carreira. Que mais? Há os que ainda prevendo as penas não só as olham com desdém, mas as tomam como razão da mais refinada crueldade.

Raffaele Perrone, junto com seu irmão Fortunato, se altercando com um tal Franchi, golpearam-no a marteladas. Raffaelle vendo que a vítima ainda dava sinais de vida, pisoteou-o dizendo: "Você não está morto? Tanto que devo pegar por você 25 ou 30 anos de galera, então quero acabar com você!"

Não é o critério, nem a consciência da verdade, nem o sentimento jurídico, em suma, que falta sempre a eles, se bem que se revela a atitude de conformar-se a este critério. Disse Horwick: "Uma coisa é ter conhecimento teórico de um fato, outro é agir em conseqüência; porque o conhecimento se transforma em desejo voluntário, como os alimentos em carne e sangue, o qual requer um fator: o sentimento; e este falta nele habitualmente.

Quando são reunidos e que só o sentimento deles não se oponha, mas tenha um direto interesse (vaidade satisfeita, maior segurança) para fazer triunfar a justiça, então aplicam a energia que usam para fazer o mal. Em uma reunião de jovens ladrões, promovida em Londres por um filósofo do crime, foram saudados com palmas e aplausos os reincidentes de 10 a 20 vezes. Um ladrão condenado pela vigésima vez foi acolhido como herói em triunfo. Porém, quando o presidente entregou-lhe uma moeda de ouro para trocar em dinheiro no banco, mas o herói não retornou. A inquietação era grande e começaram a gritar em coro: "Se não voltar, nós o mataremos, mas ele retornou com a soma devida, para alegria geral.

Este lado bom das paixões deles pode colocar-nos no caminho para obter a melhoria do delinqüente, tomando-o pelo lado da paixão e do capricho mais do que do lado da razão; mais com a comoção, com a estratégia dos sentimentos do que com a ginástica intelectual ou com a catequização pedantesca, como se faz (com desperdício de tempo e de dinheiro) nas prisões.

Assim, Anderson, condenado perigoso, considerado incorrigível, tornou-se um cordeiro quando Moconoch o empregou para domar touros selvagens, e retornou a ser o terror da colônia penal quando foi reconduzido à cadeia e ao ócio. Em Moscou, colocaram para julgar os atos dos delinqüentes, os próprios companheiros, e foram encontrados vereditos de fazer corarem os nossos jurados. Uma vez, tendo cometido pequeno furto um delinqüente jovem instigado por um velho ladrão, foi ele condenado a 40 chibatadas e o velho ladrão a 80.

Os ladrões de Londres são exatíssimos nas repartições, e quando alguém se mostra infiel é morto ou denunciado à polícia. Na Ilha de Santo Estevão, em 1860, os condenados, deixados a si mesmos, para não correr o perigo de morrerem de fome com o furto das escassas provisões e de serem trucidados todos pelas lutas intestinas entre puglieses e calabreses, lutas que uma custódia regular não poderia moderar, formularam um código draconiano composto pelos chefes dos partidos rivais que foi aplicado por estes últimos com extraordinária severidade. Assim, Pasquale Orsi, por um leve furto de farinha, foi condenado a 50 chicotadas e trinta dias de restrição.

Um outro, que tinha roubado duas bengalas de um companheiro foi condenado a girar por toda a ilha com essas bengalas amarradas no corpo. Era condenado à morte quem matasse um companheiro, quem somente ameaçasse e ofendesse a pessoa e o patrimônio dos guardas ou dos "ilhéus". Essa norma salvou a honra das mulheres e a vida dos guardas, e foi a causa da morte de vários condenados.

Por exemplo, um tal de Sabbia tinha roubado uma cabra. Descoberto, pregava em vão de pagar o crime com uma multa em dinheiro. A cabra não se paga em dinheiro mas com sangue, disse o condenado encarregado de neo-jurista. Em seguida, com golpes furiosos de pedra e estilete matou-o e jogou o cadáver pelos despenhadeiros da ilha. A cabra, colocada no meio do pátio, serviu de terrível exemplo aos ladrões. Dois amigos de Sabbia tiveram a vida poupada a muito custo porque demonstraram isenção de cumplicidade no furto.

Um certo Centrella, acusado de ter posto a mão no que não era seu, tendo provado luminosamente seu álibi, foi absolvido depois de longa detenção, mas foi expulso da comissão legislativa, da qual era membro, pois que essa comissão não queria que um seu membro tivesse sido posto sob suspeita por ter infringido o código de honra.

7. Injustiça recíproca

Não é que essa espécie de moral e de justiça relativa, saída de improviso no meio de uma coletividade injusta seja forçada e efêmera. Quando, em vez de ser favorecido, for prejudicado o interesse de alguém, ou se a desordem provoca paixão, então este critério de verdade, que não se apóia no senso moral, chega rapidamente.

Ao contrário do que muitos crêem, os delinqüentes, na maioria das vezes, faltam à lealdade com os próprios companheiros e até com os cúmplices da mesma família. Enquanto eles acham ignóbil e infame a delação, quando conseguem, a dano de outrem, por uma dessas contradições que se observa muitas vezes no coração humano, não hesitam em delatar os outros. O que é um instrumento precioso para a justiça, é uma das causas das contínuas turbulências e das vinganças que ocorrem nas prisões.

Esses delatores agem para melhorar um pouco a sua posição ou para piorar a inveja dos outros, e não serem os únicos a sofrer, ou para vingar-se de uma verdadeira ou imaginária delação. O célebre chefe assassino Haas declarou que ele arrebanhava cúmplices exatamente para não ser, no caso de ser descoberto e preso, condenado sozinho. No processo Artus, em Belluno, era horrível ver os filhos ladrões deporem contra o pai, apontando as circunstâncias mais agravantes, inventando até falsidades.

Entre os ladrões, escreve Vidocq, poucos há que não consideram uma sorte ser consultado pela polícia. Quase todos se desdobram em quatro para dar a ela prova de zelo. Os mais zelosos eram os que mais tinham a temer por própria conta. Além do mais, os ladrões não têm inimigos mais cruéis do que os antigos condenados, que aplicam o máximo cuidado na prisão de um amigo. Na falta de fatos verdadeiros, são capazes de imaginar outros, e, o que é mais estranho, são capazes de atribuir aos outros os próprios delitos, mesmo com o risco de eles valerem contra si mesmos.

A este respeito, uma certa Bailly e um certo Onaste foram condenados três vezes por delitos que tinham declarado como sendo dos outros. Os ladrões de Londres, que tanto se revoltam conta os delatores, são os primeiros a traírem-se uns aos outros. Lacenaire, ao denunciar os seus cúmplices, apontava circunstâncias que podiam causar danos a ele próprio, Bouscaut fez prender todos os companheiros dos famosos bandos de incendiários da França. Caruso foi nosso auxílio mais útil contra os bandidos; por pouco não causou a prisão de Crocco.

Burke, perguntado por Hare como faria se faltassem as vítimas, respondeu: "Em todo caso, restam nossas mulheres e nossos cúmplices". Dos nossos chefes de bando, que eu saiba, só Schiavone tratava com justiça os seus pouco honrados supervisionados. Os demais eram prepotentes e injustos com os próprios cúmplices. Coppa, por leve falha degolou vinte sequazes. Fuzilou o irmão por ter demolido um casebre sem sua ordem.

Nesse mesmo sistema adotado pelos presidiários de Santo Estevão, uns causaram ferimentos a outros, por vingança, tendo ocasionado famoso processo. Precisamente o chefe dessa estranha comissão "jurídica", para vingar-se de um certo Fedele, que, cioso de sua força muscular, mostrava-se pouco respeitoso, apunhalou-o com a própria mão, proibindo a uma patrulha que o surpreendera na prática do crime, de dar notícia a alguém. Tão frágil e inconstante é nos malfeitores esta honestidade relativa, essa pseudojustiça, que nasce só de um momentâneo interesse ou de uma fugaz paixão, mais violenta, mas menos ignóbil.

8. Comparação com os dementes

Se nós compararmos a moral dos delinqüentes com a dos dementes, encontraremos curiosas diferenças e analogias. O demente mais raramente nasce maldoso e imoral. Ele assim se torna em uma determinada época da vida, seguindo-se a uma doença que muda ou modifica o seu caráter, e que o assemelha ao criminoso. Ele sente algumas vezes remorso, orgulha-se de seus delitos, ou declara sentir-se constrangido à vida torta, malgrado sua vontade. Se comete um delito, reconquista, quase por uma crise remota, a lucidez de idéias e o senso do justo, que o leva a confessar nos tribunais, não com o cinismo do delinqüente mas com a expansão de pecador arrependido.

O que dissemos acima parece ser o caso de Verger, da A.R., de Livi, de Dossena di Biffi. Eles se puseram sob o manto dos companheiros da prisão ou dos advogados, dissimularam o próprio delito (Verzeni, Farina), não expuseram nunca a habilidade nem a tenacidade do delinqüente habitual.

Quem mata por uma violenta comoção de ânimo, enquanto se torna comum a imprevidência de todo acontecimento futuro, difere pelo súbito arrependimento que se segue ao delito e pelo desejo de dar um desafogo com o fato de denunciar-se à justiça.

9. Comparação com os selvagens

Nenhum remorso porém apresenta o homem selvagem; este normalmente se gaba de seus delitos. Para ele, a justiça é sinônimo de vingança, de força. Para os gauleses (César: De Bello Gallico), os furtos cometidos fora da cidade não representavam infâmia. Entre os albanos o homicídio não é delito; forte quer dizer justo, e débil quer dizer feio. Schipetaro se gabava de haver roubado, como se tivesse praticado uma ação heróica. Os scióias olham o vício como se fosse virtude; o homicídio com rapina é um meio de se distinguir. Nas danças, nas festas, o guerreiro conta os assassinatos cometidos e se cobre de glórias.

A antropofagia é um dos costumes mais comuns dos selvagens. O homem nas Ilhas Feege é referido como longo porco. Na Austrália, Obfield não encontrou sepultura de mulheres e concluiu disso que os pais e os maridos as matavam antes que ficassem velhas e magras, e de mau sabor. Poucas delas foram encontradas vivas, sem que estivessem marcadas de cicatrizes pelo corpo.

Na língua dos peruvianos "mirca" significa comer os próprios pais. Na mitologia deles havia um deus para os parricidas antropófagos: "mircik-coyllon". O habitante da Nova Zelândia usa uma horrível palavra, que, traduzida significa matar uma criança nas vísceras da mãe, para depois comê-la. Entre os feegis, matar os genitores é um costume. Os filhos, quando crêem chegado o tempo, dão o aviso a eles, e depois, em companhia dos parentes, matam-nos e montam uma lauta mesa.

Em Taiti, o infanticídio era quase um costume religioso, cujas mães matavam cerca de dois terços de seus filhos. Os patagônios costumam alimentar-se da perna dos inimigos, e, quando há falta destes, pegam as mulheres mais velhas da tribo, sufocam-nas na fumaça e as comem totalmente. Os bechuanos quando querem prender um leão no laço, desses que apreciam a carne humana, jogam na fossa como isca uma mulher e um menino.

10. Origem provável da justiça

Certamente foi só do dano geral causado pela prepotência de poucos que deve ter nascido a primeira idéia da justiça e da lei. Neste aspecto, o curioso código inventado pelos presidiários de São Estevão, pela gravidade das penas recorda muito bem as leis medievais e a dos povos primitivos. Por ele, pode-se mostrar por qual série de eventos necessários tinham saído os códigos dos povos bárbaros, como revela um novo ponto de analogia entre os selvagens e os delinqüentes.

14. Jargão (Gíria)

1. Atributos substitutos – 2. Documentos históricos
3. Desfiguração de palavras – 4. Palavras estrangeiras
5. Arcaísmos – 6. Caracteres e índole das gírias – 7. Difusão
8. Gênesis do jargão – 9. Gíria em sociedades
10. Caracteres: extravagâncias – 11. Causa: contato
12. Causa: tradição – 13. Causa: atavismo
14. Causa: prostitutas – 15. Dementes

1. Atributos substitutos

Um dos caracteres particulares do delinqüente contumaz e associado, como acontece sempre nos grandes centros, é o uso da linguagem toda particular, em que o léxico é mudado completamente, enquanto no costume geral, o tipo gramatical e sintático conserva-se ileso. Esta mutação vem de vários modos. O mais próximo e curioso, e que aproxima a gíria à língua primitiva, é o de chamar o objeto pelos seus atributos, como "saltador" por cabrito, "magra" ou "certa" a morte.

O jargão é que auxilia o filósofo para penetrar nos segredos do ânimo dessas infelizes criaturas, mostrando-nos, por exemplo, que idéia se faz da justiça, da vida, da alma e da moral. A alma, de fato, é chamada de "falsa", a vergonha de "vermelhona" e "sanguinosa", "véu" é o corpo, "veloz" a lua. O advogado é chamado de "brancão", como aquele que deve limpar a culpa deles.

Algumas vezes, a transformação metafórica consiste em processo que se poderia dizer de "semelhança derrubada", como por exemplo, "sabedoria" por sal, por influência do sentido de língua salgada dos maledicentes, própria dos delinqüentes, mais ricos de espírito do que de juízo. Outro exemplo é a locução "engolir um periquito", significando tomar um gole de absinto, lembrando a alusão à cor, já que ambos são verdes. As meretrizes recebem o nome de "hotel", alusão a que todos podem usar desde que paguem.

2. Documentos históricos

Às vezes, a mudança de nome constitui verdadeira medalha histórica que mereceria ficar na língua comum, em parte consegue. Muitas expressões da língua de malandros penetram na língua erudita. Muitas palavras foram criadas, como entre os selvagens, por onomatopéia, como "tique-taque", designando relógio. Outras transformações consistem em automatismos resultantes de repetição de sílabas, combinados com supressões, metáteses e outras.

3. Desfiguração de palavras

Outra fonte desse léxico vem da desfiguração fonética das palavras, mais freqüentemente por um desses grandes processos que o grande Marzolo chamava de falsa redução etimológica. Outras deformações são devidas pela junção de desinências aumentativas, e principalmente pejorativas. Quando se trata de esconder o significado de um vocábulo, a gíria não evita alongá-lo; com a intercalação de alguma sílaba, segundo normas fixas; isso alonga sempre a palavra. A tendência mais comum é, porém, a de abreviar.

4. Palavras estrangeiras

As palavras estrangeiras são fonte vasta do léxico: hebraicas no jargão germânico; alemães e franceses nos italianos; italianos e ciganos nos ingleses. A língua hebraica, ou melhor, a judia, deu a metade das palavras do jargão holandês e cerca de um quarto do alemão: eu contei 156 no conjunto de 700.

5. Arcaísmos

O mais curioso contingente dos jargões é dado pelas palavras antiquadas e perdidas completamente nos léxicos vivos. Um avanço arcaico que recorda até os tempos dos hieróglifos é o termo "serpente" para designar "ano", como o sábado é o "dia do velho" e terra é "mãe"; e ainda "breviário" por letra.

6. Caracteres e índole das gírias

Esses arcaísmos são tanto mais singulares quando se pensa na grande mobilidade e mutabilidade das expressões de gíria. Por isso vi em Pavia e Torino introduzidas e mudadas grande quantidade de significados, como por exemplo, "grã" por ladrão, "michigo" por rapaz, "pilaa" por dinheiro, "spiga" por rua, "gian" por soldado. É importante notar a estranha riqueza de sinônimos por certos objetos que mais interessam aos delinqüentes, e assim se revela o íntimo do ânimo deles. Assim Cougnet e Righini encontraram 17 palavras para designar "guarda! Ou "policial".

O jargão francês tem 44 sinônimos de embriaguez, 20 de beber e 8 de vinho, enquanto tem 19 para água e 36 para dinheiro. Os delinqüentes têm necessidade de bons olhos (e nós vimos que têm olheiras mais capazes). Por isso chamam os olhos de "ardentes", "miragem" e outros. Há tendência para animalizar, bestializar as coisas humanas: pele é "couro, boca é "bico", braço é "asa". Malgrado tanta sinonímia e tanta transferência de sentido, malgrado não esteja sujeito a controles, malgrado às múltiplas fontes de que deriva, longe de ser rico, o jargão é pobre. O trabalho de purificação que numa língua vem, em parte, por obra da autoridade constituída e reconhecida, academias, literatos, professores, que se cumpre só pelo uso, por uma espécie de seleção feita no seu vocabulário. Muitas locuções têm vida efêmera, e, nascida de um capricho ou de uma circunstância, morre com esta. Causa também da pobreza e da carência das idéias está na imbecilidade dos delinqüentes, mais ricos de espírito do que de talento.

7. Difusão

Outro caráter curioso do jargão é a ampla difusão. Enquanto toda região da Itália tem dialeto próprio e um calabrês não pode compreender o dialeto Lombardo, os ladrões da Calábria usam o mesmo léxico usado na Lombardia. Assim, os dois chamam o vinho de "claro", o pão de arton, camisa de "lima". O jargão de Marselha é igual ao de Paris. Esse fato, se é fácil de ser compreendido na Alemanha e na França, é bem menos compreendido na Itália, principalmente na Itália de alguns anos atrás, dividida por barreiras políticas e alfandegárias.

A analogia é mais estranha quando se vê estender-se entre povos diversos: o italiano e o alemão chamam de "branquinha" e "blanker" a neve, tanto que Borrow chegou à dúvida de que todas as linguagens ardilosas devem ter a mesma origem. A explicação, ao menos pelas muitas semelhanças ideológicas, está na analogia das condições. Realmente, o jargão dos tugs indianos apresenta completa semelhança ideológica com os nossos, e está excluído claramente todo relacionamento deles com os nossos velhacos.

Quanto à semelhança fonética, mais rara, contribui a contínua mobilidade dos criminosos, que, ou para fugir à Justiça e para surpreender suas vítimas, ou por uma verdadeira paixão de vagabundagem, mudam sempre de residência, e importam as expressões de um país em outro.

8. Gênesis do jargão

Todos explicam a origem do jargão do malandro com a necessidade de fugir às investigações policiais. Certo é que esta foi a principal causa, especialmente pela inversão das palavras que tenham uso muito comum e na constituição de nomes com pronomes diferentes, como "mamãe" por eu. No dialeto sardo, o jargão se chama "cobertanza".

Se o jargão não for a gênese espontânea, certamente o organismo e a natureza têm semelhança com as línguas e os dialetos; estes são formados e deformados por si mesmos, de acordo com o lugar; o clima, os costumes e outros contatos. E assim os jargões não são, como se crê, um fenômeno excepcional mas universal. Todas as profissões têm seu jargão próprio, que, da aplicação técnica, se estende a outras de qualquer natureza. Por exemplo, um médico nos dirá que o amor é um vício cardíaco, um químico que seu amor está a 40 graus.

9. Gíria em sociedades

A tendência para formular um jargão próprio se vê nos indivíduos detidos numa mesma operação criminosa, mormente se houver algum equívoco, e mais naqueles constrangidos a uma vida nômade ou a uma detenção temporária e submetidos a sujeição, ou em face do público. Com a linguagem especial afirmam a própria vida comum; ou se subtraem à vigilância de outrem. Assim encontrei, numa mesma coletividade, uma gíria de faxineiros, outra de vinhateiros, dos lixeiros, dos pedreiros, gíria análoga e freqüentemente idêntica à dos criminosos.

Quantos não devem sentir impulso de formular em uma linguagem particular as próprias idéias, uma gente que tem hábitos, instintos tão especiais e que tantas pessoas têm a temer e a enganar! Acrescente-se que essa gente se reúne sempre nos mesmos centros, prisões, prostíbulos, hotéis, e não admitem sociedade com aqueles que não tenham a mesma tendência. Uns com outros se confraternizam com imprevidência e facilidade extraordinárias, encontrando exatamente na gíria uma forma de reconhecimento, uma palavra de ordem. Se não usassem seu jargão, a necessidade de expandir-se tumultuosamente, que é uma das características deles, se exporia muito cedo às investigações policiais e previdência de suas vítimas.

10. Caracteres: extravagâncias

Deve ainda contribuir para a propagação da gíria a grande mobilidade de espírito e de sensações, para as quais, juntada uma palavra nova, nas muitas circunstâncias da orgia, ou frase estranha, absurda mesmo, mas vivaz, picante ou extravagante, para fazer o jargão transmitir-se. E, depois, o eternizam em sua linguagem.

Como os pedantes recolhem amorosamente erros gramaticais ou expressões mais raras no uso comum, assim os delinqüentes enriquecem a linguagem de algum estudantezinho perdido no meio deles. Tendem a colocar essa linguagem em circulação e enaltecê-la. Ela é estimulada pelo espírito epigramático e irônico, que se compraz com as que vai encontrando, tanto mais quando sejam estranhas, obscenas e extravagantes.

A tendência às transformações fonéticas, como se viu nos exemplos aqui referidos, é quase sempre irônica e boba. Porém, a ironia se manifesta também com relação à idéia sem implicação com a palavra, nem com a homofonia, nem com aproximação fonética. Essa propensão que se vê no lado ridículo dos fatos é conseqüência do humor hilário e extravagante, que constatamos nos ociosos e vagabundos, classe de indivíduos em que se recrutam tantos delinqüentes e que são os verdadeiros divulgadores do jargão. Damos exemplos de alusões irônicas nas quais a mente não foi guiada pela analogia do som, mas da relação de idéias.

11. Causa: contato

Há participação, e considerável, dos contatos com pessoas estranhas à região ou à coletividade, que abriga a infortunada e quase sempre nômade profissão. Isto explica parcialmente a freqüência de palavras hebraicas e ciganas nos jargões alemães, ingleses, etc. De outra parte, esses contatos poderiam esclarecer a unidade do jargão italiano, no meio da variedade de seus dialetos.

12. Causa: tradição

Mas, quanta influência tem a tradição, transmitida de século em século; bastaria para demonstrar as curiosas palavras bem antigas, encontradas no jargão, como "arton", "lenza", etc. a que acenamos pouco atrás e as alusões a fatos históricos quase esquecidos. As três locuções: "passer em lunete" (passar pela lua), "faire um trou à la lune" (fazer um buraco na lua), "montrer le cul" (mostrar o traseiro"), que o jargão adota como sinônimo de "falir", pertencem à tradição histórica. Foi a pena e castigo dos falidos mostrar as partes traseiras em público e batê-las no chão. Em Florença, no Mercado Velho, conservou-se até há pouco (e talvez se conserve ainda) a pedra sobre a qual se fazia sentar os falidos, chamada popularmente de "pedra dos falidos" ou "pedra dos caloteiros". Associam-se às três expressões precedentes, como efeito de tradição "andorinha de praia" por "policial". A praia era local dos suplícios.

Esta influência da tradição é confirmada pelo fato de que o jargão, exatamente com as expressões atuais, remonta à época antiqüíssima, encontrando-se traços dela até em 1350 na Alemanha (Avé-Lallemant). O léxico do jargão intitulado "modo novo de entender a língua zerga", publicado em Veneza, em 1549, mostra-nos como quase todas as expressões usadas naquela época conservam-se ainda como "maggio" = Deus; "perpetua" = alma, "cantare" = falar, "dragão" = doutor.

Como esses infelizes, que não têm família, possam transmitir tão fielmente as tradições e expressões, não é bem compreensível. Contudo, fato análogo, mais evidente, está nas tatuagens. Oferecem ainda uma espécie de hieróglifos, chamados "zink", sinais que usam os incendiários para revelar o lugar de encontro ou apontar o lugar do golpe, e que foram transmitidos de tempos bem antigos, talvez anteriores às escrituras (Avé-Lallemant). E não vemos, por outro lado, entre os soldados e marinheiros, estes também sem família, e muitas vezes sem pátria, revelarem-se usos e tradições de tempos muito remotos?

13. Causa: atavismo

Acima de tudo pode o atavismo. Eles falam diversamente porque sentem diversamente; falam como selvagens porque são selvagens, vivendo no meio da florescente civilização européia. Adotam, então, como os selvagens, freqüentemente a onomatopéia, o automatismo, a personificação dos objetos abstratos. E vem em minha ajuda nisso as belas palavras de Biondelli:

> "Por que os homens de várias estirpes, separados por barreiras naturais e políticas, nos secretos conciliábulos, seguiram o mesmo caminho, e formaram secretamente mais línguas, ainda que diferentes no som na raiz, mas se fizeram idênticas na sua essência! O homem estúpido, privado de senso moral e abandonado às perversas inclinações naturais, que forma uma nova língua, é pouco diferente do homem selvagem, que faz os primeiros esforços na sociedade. Nas línguas primitivas abundam as onomatopéias: os nomes de animais são expressos no jargão do mesmo modo, embora figurado".

Eu acrescentarei (e talvez serei muito ousado) que até a desfiguração pela redução etimológica, e pela inversão da sílaba, é natural na língua, como por exemplo, "lobo" de "wolf", e também a fusão de dois significados etimológicos: cabelo de "caput" (cabeça) e pêlo de "pilus". Por isso as expressões de jargão, como "mamãe" (terra) que reproduzem a mitologia da deusa da fartura, e de "serpente" (ano), que renova o hieróglifo egípcio, eu o interpretarei, antes da pesquisa dos eruditos, como retorno psicológico da época antiga.

14. Causa: prostitutas

Parece que as prostitutas, embora umas sejam tanto parecidas com os delinqüentes, não têm propriamente um jargão, mas o tinham nos tempos antigos. A língua erótica do século XVI era verdadeiro jargão das prostitutas: o ato sexual tinha 300 sinônimos, as partes sexuais 400, prostituta 103 e era nos tempos da antiga Roma, onde elas tinham um jargão de gestos. Segundo se refere Sêneca, introduzindo o dedo médio na outra mão fechada alude-se à sodomia.

Alguma parte do jargão é usada, ainda hoje, nos prostíbulos: bastaria recordar a freqüência de palavras que aludem a coito. A própria prostituição de alto bordo de Paris tem uma espécie de jargão, como "cocote" = galinha, designando uma prostituta ou mulher por demais liberal. "Père Douillard é o mantenedor de uma mulher (coronel); "pisteur" (corretor de hotéis) é o homem que segue a mulher pela vida.

15. Dementes

Nos dementes não se encontra um jargão, mas a criação freqüente de palavras por homofonia e palavras novas, sem causa, é especial para eles. E aqui me apraz citar algumas notas de um observador, que, malgrado não seja alienista, viu mais longe que muitos alienistas. A linguagem burlesca dá muitas vezes uma idéia sem nexo aparente. Pode-se dizer que há falta de nexo? Não! O demente vê na sua férvida imaginação certas relações de idéias que escapam de nós, talvez por serem muito ligeiras, fugazes, longínquas. Lembrome de um jovem francês afetado pela demência, para quem a família tinha dado um aio e vigilante sacerdote de nome Tardy, que o jovem não apreciava, por outro lado, um ótimo e respeitável homem. Após algum tempo, o jovem passou a chamar seu preceptor com o nome de "Viciatus" sem que ninguém pudesse compreender que nexo poderia haver entre esse vocábulo latino e a austera pessoa a quem era aplicado. Após alguns anos, conseguiram descobrir que num dicionário latino-francês do irmão do jovem demente, a palavra "viciatus" estava traduzida "abastadi", que o demente entendeu "à bas Tardy", ou seja, a mesma pronúncia de "abastardi". O viciatus era a tradução de uma homofonia.

Nem o delinqüente nem a prostituta podem ser considerados como dementes; é por isso que são dirigidos conscientemente à vida torta. Os delinqüentes têm porém alguma parcela de demência. As prostitutas por uma imaginação desequilibrada, pela irritabilidade imbecil, mas ambos pela vaidade exuberante, por aquele sentimento que se poderia chamar com a expressão de Taine: "hipertrofia do eu".

E ainda a linguagem deles o prova, com a abundância das metáforas, com os ousados traslados, com as seqüências das homofonias, jogo de palavras, trocadilhos, com um lirismo de idéias em que a razão de quem friamente o examine, se vai perdendo. A frase "ter as idéias descoordenadas", eufemismo da língua vulgar para indicar o estado mental do demente, é muitas vezes aplicável também ao delinqüente.

15. Associação Para o Mal

1. Banditismo, máfia e camorra – 2. Sexo, idade, condição
3. Organização – 4. Camorra – 5. Máfia
6. Código dos criminosos

1. Banditismo, máfia e camorra

Essa associação para o mal é um dos fenômenos mais importantes do triste mundo do crime, não só porque no mal se verifica a grande potência da associação, mas porque da união dessas almas perversas brota um fermento maligno que faz ressaltar as tendências selvagens. Essas tendências, reforçadas por uma espécie de disciplina e pela vaidade do delito, impele a uma atrocidade que repugnaria à maior parte dos indivíduos isolados.

Como seria natural, tais sodalícios se formam mais amiúde onde abundam os malfeitores, com a importante exceção de que eles refreiam a tenacidade e a crueldade em certos países, transformando-os em associações equívocas, políticas ou mercantis. O objetivo das associações maldosas é quase sempre o de apropriar-se do alheio, associando-se com bom número de pessoas exatamente para fazer frente à defesa legal.

Outrora, foram notadas associações para abortos, para envenenamento, e, em alguns lugares, foram notadas para a pederastia, que encobriam o vício com a aparência de ternura, e até mesmo para o homicídio sem fins lucrativos, só pelo prazer de fazer o sangue jorrar, como foi o caso dos "Esfaqueadores de Livorno", e ainda para o canibalismo e o estupro por fanatismo religioso dos sicários russos.

2. Sexo, idade, condição

As condições dos malfeitores associados correspondem, naturalmente, às do maior número de delinqüentes. Os do sexo masculino têm a máxima predominância, embora se encontrem esporadicamente bandos chefiados por mulher, como o de Luiza Bouviers, que dirigiu por volta de 1828 um bando de ladrões. Veremos nas mulheres, porém, inclinação para males domésticos; predominavam há tempos em Roma e Paris associações para o envenenamento.

A idade dos malfeitores é quase sempre a da mocidade; entre 900 bandidos da Basilicata e a Campânia 600 eram menores de 25 anos.

3. Organização

Observa-se que muitos bandos de malfeitores, embora inimigos da ordem e da sociedade, apresentam uma espécie de organismo social. Quase todos têm um chefe, armado de poder ditatorial que, como nas tribos selvagens, depende mais de seus dotes pessoais do que da turbulenta aquiescência dos demais, e todos têm afilhados externos ou protetores em caso de perigo.

Algumas vezes, notou-se nos grandes bandos verdadeira subdivisão de trabalho. Um atua como carrasco, outro como chefe, como secretário, como caixeiro-viajante, alguma vez enfermeiro ou médico. Todos seguem uma espécie de código ou de ritual, que, mesmo sendo impessoal, formado espontaneamente e não por escrito, é seguido à risca.

Entre bandidos de Ravena havia uma espécie de hierarquia; estes, como também os camorristas, chamavam de "mestre" os seus chefes, e, antes de deliberarem sobre algum fato atroz, faziam juramento sobre um punhal. Antes de matar, mandavam freqüentemente um aviso à vítima, com ameaça simbólica.

4. Camorra

A mais completa organização é dada por esse bando perverso, que domina Nápoles, com o nome de Camorra. Constitui-se quando se agrupam vários presidiários e ex-presidiários; em pequenos grupos independentes entre si, mas sujeitos a uma vida hierárquica.

A Camorra não podia tomar graves providências sem consultar os membros reunidos em assembléia, que discutia com a mesma gravidade e acerto as pequenas minúcias como as questões de vida ou de morte. Assistido por um auditor, um tesoureiro e um secretário, o menos ilustrado de seus subordinados, deveria indicar o desafeto, regular as lides, propor à assembléia as punições que variam da perda parcial ou total dos despojos, os roubos, à censura ou até à morte, ou mesmo ao perdão.

Assim é chamado o fruto das regulares extorsões dos jogadores, dos bordéis, dos vendedores de melancias, de jornais. Mais do que todas essas, as dos prisioneiros, que eram o mais aproveitado provento; bastava entrar um na prisão, deveria pagar o "óleo para a madona"; pagava um décimo de todos os seus haveres. Devia pagar para beber, para comer, para jogar, para vender, para comprar. Os mais desprotegidos eram constrangidos a vender a metade de sua refeição ou parte de sua roupa para poder fumar ou jogar.

O código deles não era formulado nem escrito, mas nem por isso deixava de ser seguido minuciosamente. O condenado não podia matar um colega sem a permissão do "capo". Não podia relacionar-se com a polícia. Era condenado à morte quem traísse a "sociedade" ou roubasse ou matasse sem ordem dos chefes ou que violasse a mulher deles. Também morria quem recebesse ordem de matar e não a cumpria.

5. Máfia

A Máfia é uma variante da Camorra, com mais intensidade no segredo e incidência em classes mais superiores. Atua mais fora das prisões e em níveis mais elevados. Os mafiosos usam linguagem hermética e concisa. Fielmente seguem todos as regras do seu código, anônimo, terrivelmente obedecido, da "OMERTÁ", revelado por Crudeli e Maggiorani e que se expressa em certos ditados populares, como "a quem nega o pão, você nega a vida". Os artigos principais desse código são: absoluto silêncio sobre os delitos cometidos por outrem, a obrigação de prestar falso testemunho para confundir a Justiça, opor-se à polícia para fazer apagar os traços, andar armado, travar duelo a qualquer pretexto, reagir à toda ofensa. Deveria ajudar cada irmão mafioso a reagir às ofensas e ajudar os que caíssem nas mãos da Justiça e formar um pecúlio para custear a defesa deles.

A entrada de novo membro da Máfia obedecia a um ritual. No período de iniciação era chamado de "compare" (compadre) numa sessão especial da "assembléia dos sócios".

O novo "companheiro" apresentava-se perante dois "irmãos" junto a uma mesa em que se encontra o retrato ou a pintura de um santo ou de uma santa e lhes estende o braço direito. Os irmãos fazem um ferimento na mão ou no braço do companheiro que derrama sangue sobre a imagem do santo. Depois, com a chama da vela, queima o retrato. Faz o juramento de servir à Máfia ante as chamas do retrato do santo.

Quem faltasse ao juramento era declarado "infame", o que significa ser condenado à morte dentro em breve, ainda que esteja preso. Alguns se suicidam ou enlouquecem pelo terror do futuro.

Algumas dessas organizações, baseando-se na singular tenacidade ritual e na tendência cavalheiresca, ou no colorido político ou religioso que algumas vezes assumiam poderiam lançar dúvidas sobre sua natureza essencialmente criminosa. É fato patente que elas mostraram alguns lampejos de generosidade, como por exemplo, com os prisioneiros políticos, sob o Governo dos Bourbons. Como já vimos, ofereceram eficaz proteção aos mais débeis, mas essa proteção é como um verniz para encobrir as ações maldosas, para combater as leis repressoras do crime, sob o manto de combater o Governo. E, realmente, os camorristas e mafiosos se ligaram aos revolucionários nos tempos do Governo dos Bourbons, e a outros movimentos de oposição.

Por outro lado, os mais refinados malandros sempre tiveram uma certa auréola de cavalheirismo, um pouco pela generosidade que comumente caracteriza o homem musculoso, um pouco pela necessidade de ter a simpatia do povo simples, que lhe dá socorro e abrigo. No fundo, a Camorra e a Máfia são variantes da malandragem vulgar. Basta dizer que os camorristas e os mafiosos apresentam os caracteres próprios dos delinqüentes comuns, como por exemplo, gostam de usar jóias e anéis, vestir quase que um uniforme, usam a gíria peculiar deles, chamam de irmão seus colegas de delinqüência, beijam-se entre si.

A Camorra e a Máfia têm sua sede principal nas prisões, como a maioria dos delinqüentes do crime organizado. Entretanto, eles se mostram implacáveis para com os inimigos.

6. Código dos criminosos

A inquieta balela de nosso século penetrou nas organizações criminosas. Por isso, creio que se observou em nosso tempo verdadeiro código escrito numa quadrilha de Paris; esse código limita a 14 o número de membros e impõe certos métodos operacionais na prática dos crimes, como desembaraçar de roupas que possam constituir indícios ou traços da ação ou sapatos que rangem, caminhar para trás para iludir as investigações, usar apelidos ou nomes falsos, não deixar anotações do próprio punho, evitar amantes duradouras, usar armas só em caso de necessidade. A maior parte das infrações a esse código pode levar o infrator à morte.

Na Espanha recentemente descobriu-se uma extensa quadrilha com o nome de MÃO NEGRA, composta por visionários, que não viam solução para a pobreza senão nas catástrofes sociais. Seu código declarava o objetivo de defender os pobres e oprimidos contra seus carrascos e exploradores de seu trabalho. Projetam um verniz social, beneficente, político-ideológico, para encobrir as manifestações de perversidade e baixeza de suas operações. A abertura de seu código traz um considerando filosófico:

> "A terra existe para o bem-estar dos homens, que têm igual direito de possuí-la; o atual ordenamento social em vigor é iníquo. Os trabalhadores produzem, mas são mantidos como es-

cravos em sua terra pelos ricos; por isso não se poderá nunca nutrir um ódio profundo contra todos os partidos políticos, todos igualmente desprezíveis. Toda propriedade conquistada com o trabalho de outrem é ilegítima. A sociedade declara os ricos fora dos direitos humanos, e, para combatê-los, todos os meios são bons, sem excetuar o ferro, o fogo e nem mesmo a calúnia".

Vinham em seguida os vários artigos do código, repetindo as normas gerais da Máfia e da Camorra, prescrevendo a obrigação de guardar segredo, de cumprimento dos encargos impostos pela Mão Negra, sob pena de ser considerado traidor, negar em público qualquer ligação com a Mão Negra ou simpatia com sua causa, passar pelo noviciado.

16. Dementes Morais e Delinqüentes Natos

*1. Justas hesitações – 2. Estatísticas dos dementes morais
3. Peso – 4. Crânio – 5. Fisionomia – 6. Insensibilidade à dor
7. Tato – 8. Tatuagem – 9. Reação etílica – 10. Agilidade
11. Sexualidade – 12. Senso moral – 13. Afetividade
14. Altruísmo – 15. Vaidade excessiva – 16. Inteligência
17. Astúcia – 18. Preguiça – 19. Atividade doentia
20. Pretensões de diferenças – 21. Premeditação – 22. Espírito
de associação – 23. Vaidade do delito – 24. Simulação
25. Sintomatologia da demência moral nas outras
26. Histologia patológica da demência moral
27. A hereditariedade na demência moral*

1. Justas hesitações

Antes de passar ao estudo do delinqüente-demente, devemos começar a tratar, ou melhor, excluir dessa classe o delinqüente moral, do qual já havíamos tratado ao estudar o delinqüente-nato. Sobre o primeiro, o nosso leitor ou o homem comum, experimentará, certamente, grande repugnância em aceitar essa fusão. Assim achamos porque somos das várias gerações acostumadas a considerar o réu tão mais responsável quanto maior for a sua culpa.

Há em nós a necessidade de vingança e o temor de deixar o réu livre, em razão de sua temibilidade, e também não se conhecia ou imaginava outro modo de paralisar os malefícios de sua ação, a não ser com o cárcere e a morte. Isto porque, enfim, o sentimento de vingança e do medo, juntamente com o hábito, que é um dos maiores de nossos tiranos, modificavam completamente nosso juízo e não nos deixavam entrar em outra forma de explicação. Eu, como já fiz referência, estava ainda entre esses quando redigi as duas primeiras edições desta obra, e até mesmo a terceira.

A origem, mais congênita ou na idade juvenil do delito, sua maior difusão com a civilização, os grandes centros, a hereditariedade menos intensa da demência e da neurose, a aparente boa saúde, a maior robustez, estatura mais elevada, maior volume de cabelos, a fisionomia especial, e as paixões e instintos do réu-nato, recordam completamente a fisionomia, o homem selvagem, bem mais que o alienado, especialmente a preguiça e paixão da orgia e da vingança, que, quase sempre falta a este último.

Tudo isto, unido ao horror instintivo diante da idéia do perigo social que parece causar a confusão de uns com os outros, e a tão perigosa complacência da própria criação, me tinham convencido, antes e depois que eu tinha colocado a luz, muito mais a diferença do que a analogia entre aquelas duas infelizes condições patológicas da psique. E no meio ao mais completo acordo de amigos e adversários sobre este assunto, o único a não pôr-se de acordo ou ser posto era eu próprio.

A sucessiva distinção entre o delinqüente de ocasião e o habitual, o apoio universal conseguido pela proposta do manicômio criminal, a descoberta de sempre novos casos, como o de Faella, Zerbini, Verzeni, Guiteau, que tornam impossível discernir linha diferencial entre demência e crime, os estudos dos novos caracteres dados pelos mais recentes autores, como Krafft-Ebbing, Hollander, Savage, Mendel, sobre a demência moral, os mais especiais por mim descobertos no delinqüente-nato, como insensibilidade geral e à dor, anomalias nos reflexos, o canhotismo, a atipia do crânio e miolos, mudaram completamente minhas convicções.

2. Estatísticas dos dementes morais

Uma das provas indiretas da identidade da demência moral com a criminalidade, e que explica as dúvidas mais comuns entre os alienistas, é a grande escassez dos dementes morais nos manicômios e, vice-versa, a grande freqüência nos cárceres. Dagonet, em 3.000 dementes não encontrou mais do que 10 ou 12 casos. Adriani em Perugia, Palmieri em Siena, em 888 dementes não os encontraram; Ragi só encontrou 2 dementes morais em 924, e Salemi-Pace 6 em 1.152.

A escassez dos dementes morais nos manicômios e a sua abundância nos cárceres são enfim uma prova indireta da identidade da criminalidade com a demência moral, unida à presença de todos os seus sistemas no decurso de muitas doenças mentais. É o que explica como nos encarceramentos 25% dos dementes devem tornar muito incertos os alienistas sobre a real existência dessa forma psiquiátrica e tantos os médicos legais obrigados a trabalhar com fatos de segura demonstração.

Além disso, contribuíram para as contradições dos observadores que julgaram a essencialidade de certos sintomas, preocupados com os caracteres de um ou de outro entre os poucos casos que tinham às suas mãos. Todavia, rebuscando os casos mais clássicos recolhidos desses autores, temos um conjunto de caracteres que reproduzem muito bem aqueles que demos sobre o delinqüente nato.

3. Peso

Em 14 dementes morais de Aversa, 9 tinham constituição robusta e boa nutrição. Verzeni media 1,66m. pesando 68 k., Chiappini 1,63m. e 61 k., o esbirro do Livi era bem robusto, embora houvesse alguns mais frágeis. Sobre 37 dementes morais, 22 eram de peso e robustez igual ou maior ao normal, como em muitos delinqüentes.

Acrescente-se que no estudo dos epilépticos hereditários, Amadei encontra entre os sinais da demência degenerativa e das hereditárias um aumento maior de peso. Por que não se encontra completamente o aumento de peso, que é prevalente, mas não geral nos criminosos, depende provavelmente do pequeno número dos casos observados.

4. Crânio

Quanto às medidas do crânio, estamos também reduzidos a poucos casos, que não bastam certamente para darnos um critério seguro para analogia. Em 14 dementes morais de Virgílio encontramos uma capacidade crânica de 1.450 nas mulheres, 1.538 nos homens, com o máximo de 1.693 e mínimo de 1.518. Justificaremos adiante esta falta de analogia, a que contribuiu ainda mais que o peso a escassez dessas medidas. Por outro lado, Campagne teria (e eu creio exagero) encontrado 12 vezes em 13 o crânio diminuído e escondido o occipital nos dementes morais. Krafft-Ebbing e Legrand de Saulle falam da freqüente microencefalia. É um fato de se notar que os microencéfalos tornados adultos, mais ainda que a perda da inteligência, mostram a perversão dos afetos do senso moral.

É freqüentemente geral o acordo de não admitir nos dementes morais a grande freqüência das anomalias crânicas e fisiognomônicas, que vimos caracterizadas muitas vezes no réu nato. Antes Morel, depois Legrand de Saulle e agora Krafft-Ebbing, apontam a freqüência em macrocéfalos de freqüentes cristas ósseas do crânio, de crânios muito alongados ou muito arredondados, e nas faces a desproporção entre as duas metades da face, lábios volumosos, boca grande, dentes mal conformados com precoce caída nas formas mais graves, volta palatina assimétrica ou escondida, restrita; a campainha da garganta alongada e bífida, aumento e desigualdade das orelhas. Todas anomalias, especialmente as do crânio, que temos encontrado nos criminosos.

5. Fisionomia

A fisionomia dos famosos delinqüentes reproduziria quase todos os caracteres do homem criminoso: mandíbulas volumosas, assimetria facial, orelhas desiguais, falta de barba nos homens, fisionomia viril nas mulheres, ângulo facial baixo. Em nossas tabelas fotolitográficas do álbum germânico observar-se-á que 4 entre 6 dos dementes morais têm verdadeiro tipo criminal. Menores são talvez as anomalias no crânio e na fisionomia dos idiotas, em confronto com os criminosos, o que se explicaria pelo maior número de dementes morais, ao menos no manicômio, surgidos na idade tardia, motivada por tifo, etc. Para estes, a fisionomia não teve tempo para tomar feição sinistramente, como nos réus natos. Eles freqüentemente acompanham essas deformidades que são próprias nas paradas de desenvolvimento, ou da degeneração: e tais eram exatamente as loucuras cuidadas por Salemi-Pace e Bonvecchiato.

É necessário recordar quanto para a fisionomia dá exemplo o militar, o padre, o sacristão, um dado endereço continuado desde a primeira infância em meio a companheiros do mal, que plasma a face, o olhar, com um sinal comum, decorrente da convivência prolongada e imposta nos reformatórios e no cárcere. A ela se adiciona a modificação especial pelo medo da surpresa, das apreensões de uma vida que é fora da lei. Esta última é a razão com que justamente me explicava o ilustre astrônomo Tacchini, a fisionomia habitual de alguns bandidos nos países em que o banditismo não fosse protegido pela população.

6. Insensibilidade à dor

Melhor ainda se houver analogia nas anomalias funcionais constatadas por Legrand de Saulle, Krafft-Ebbing, Bonvecchiato: estrabismo, nistagmo, motoconvulsismo de rosto, atasia em leve grau, pé eqüino, hiperestesia temporânea e periódica, exagero ou falta de excitamento genérico, intolerância dos alcoólatras.

Entre os caracteres biológicos poder-se-ia crer que a analgesia e a anestesia fossem privativas dos criminosos, mas as últimas histórias recolhidas na ciência provam precisamente o contrário. Comuniquei como na prática privada encontrei um demente moral que, mesmo tendo blenorragia, continuava a cavalgar e fez uma escalada alpina, e ria enquanto lhe era extraído um membro. Renaudin relata o caso de um jovem, a princípio bom, e, de repente, se fez estranhamente perverso. Embora não fosse reconhecido absolutamente demente, tornou-se insensível; voltando depois de um certo tempo à vida sensata de antes, sua sensibilidade cutânea foi reintegrada, mas, recaindo na perversão moral até o homicídio, recaiu também na insensibilidade.

Tamburini e Seppilli, no estudo de um fratricida, parricida e demente moral, acharam-no analgésico. Assim é que furando, com um alfinete, as carnes, a língua, a fronte, não viam nele sinais de dor. Um dos examinados apresentou diminuta sensibilidade elétrica na palma e outro no dorso da mão.

É portanto a analgesia (insensibilidade à dor) um dos caracteres mais freqüentes do demente moral, como também dos criminosos natos. Lembro-me como nos poucos casos de histerias hipnóticas com a desintegração da personalidade, a irrupção das tendências imorais se manifestasse muitas vezes na completa anestesia e analgesia.

7. Tato

Da sensibilidade tátil bem pouco foi estudada nos dementes morais, mas é curioso que de 4 observados por Amadei e Tonnini um apresentava mancinismo sensório. Outro caso de Berti o revelava como o mais saliente e um ou dois dementes morais por mim examinados, para os quais se teria notado 4 em 8 e 5 em 9, foi admitido por Callisto Grandi que os apresentou.

8. Tatuagem

Nem mesmo a tatuagem, que parece tão característica no delinqüente, pode ser excluída dos verdadeiros dementes morais, visto que se constatarmos os belos casos de De Paolli, achamos que a maior parte diz respeito a dementes morais. O único demente moral que pude encontrar no manicômio de Turim era tatuado, e, por outro lado, os mais astutos delinqüentes recusam a tatuagem, tanto que todo ano vemos uma cifra menor dela.

9. Reação etílica

A única prova feita com hidrosfigmógrafo em um demente moral revela identidade da escassa reação etílica, e Krafft-Ebbing notou também reação etílica irregular, como ainda nenhuma reação dos alcoólatras à luz.

10. Agilidade

Em três dementes morais notei a agilidade exagerada que em um caso era verdadeira macaquice, e fica conforme o que notamos nos criminosos, dos quais tínhamos esquecido, mas agora recordamos as famosas evasões de Sheppard e de Haggard.

11. Sexualidade

A precocidade da perversão sexual, o exagero seguido da impotência, já tinham sido notados por Krafft-Ebbing nos dementes morais, como por mim. Eles têm anomalia patente dos instintos, principalmente os sexuais, freqüentemente prematuros ou anti-naturais, ou precedidos de atos ferozes, sanguinários. Nós, além de recordarmos vários criminosos, lembramos também a precocidade sexual notada nos ladrões e o exagero sexual dos assassinos e a estranha escolha dos estupradores e dos meninos anômalos.

12. Senso moral

Quanto à índole moral, à afetividade, a analogia, é inconteste, e eu não tenho a escolher senão as descrições deixadas pelos mais encarniçados adversários da minha escola, para demonstrá-la sem poder ser tachado de parcialidade. São, escreve Krafft-Ebbing e Schüller, uma espécie de idiotas morais que não podem dignar-se a compreender o sentimento moral, ou se por educação o devessem, essa compreensão deteve-se na forma teórica sem traduzir-se na prática. São daltônicos, cegos morais, porque a retina psíquica deles torna-se incapaz de formular juízo estético. De outra parte, falta a eles a faculdade de utilizar noções de estética, de moral, de modo que os instintos latentes no fundo de todo homem levam vantagem.

As noções de interesse pessoal do útil ou do nocivo, deduzidos da lógica pura, podem ser normais; vem daí um frio egoísmo, que renega o belo, o bom, a ausência de amor filial (recordamos aquele alemão que matou a mulher e a mãe para poupar a elas as dores da doença), a indiferença para com a infelicidade alheia. Se eles entram em colisão com a lei, então a indiferença se muda em ódio, vingança, ferocidade, na persuasão de estar no direito de fazer o mal.

Eles têm noção da culpabilidade em certos casos dados, mas é uma noção realmente abstrata e quase mecânica da lei. Eles falam de ordem, justiça, moralidade, religião, honra, patriotismo, filantropia (vocábulos preferidos do vocabulário deles), mas o que lhes falta é exatamente o sentimento relativo àquelas palavras. É nesta falta que se encontra a explicação de pensamentos tão estranhos e contraditórios sobre os mesmos fatos e esta é a razão pela qual em vão se tenta convencê-los de seus erros, da imoralidade de seus atos, do absurdo das opiniões, a injustiça de suas ambições.

Em suma, nisto se encerra o segredo provocante da perpétua luta deles contra a família e a sociedade. São indivíduos suscetíveis de uma superficial instrução intelectual, mas decididamente rebelde a uma verdadeira educação moral, cuja base precípua é exatamente a do sentimento.

Os dementes morais são infelizes com a demência no sangue, contraída no ato da concepção; nutrida no seio materno. Faltam-lhes o sentimento afetivo e senso moral; nasceram para cultivar o mal e para cometê-lo. Estão sempre em guerra contra a sociedade, são indivíduos que freqüentemente figuram nas agitações políticas. Falando dos dois casos de dementes, os dois tipos são dotados de feliz e pronta memória, de engenho agudo, de muitas e variáveis imaginações; todos são egoístas e com deficiência absoluta de sentimentos afetivos. Assim como todas nossas ações são reguladas pelos sentimentos, eles se deixam guiar unicamente pelo instinto, só se preocupam com o presente, desprezando o futuro.

Após uma triste ação, são indiferentes como se não fossem os autores, dormindo um sono tranqüilo. Nas conversas em alta voz, enfáticas, nos escritos, encontram-se frases sonoras, eloqüentes, espirituosas, mas sem nenhum sentimento. Qualquer infelicidade que golpeie algum parente íntimo, conhecido ou amigo, os comove. Falam de virtude e de vício, mas são frases que repetem, das quais conhecem o significado, mas não o sentem; por isso, praticam atos virtuosos só por vaidade.

Brancaleone retrata o louco moral: variável de caráter, versátil, excêntrico, paradoxal, sistematicamente hostil a toda tendência moralizadora, indeciso nos propósitos, extremamente excitável, insensível às alegrias domésticas, inacessível às doçuras do afeto, instintivamente levado à rebelião, à extravagância e ao escândalo. Declara altamente não acreditar na virtude, sustentando com um luxo de erudição e de lógica, as teorias mais imorais, as mais lesivas à dignidade humana e à ordem social.

Levado a avaliar justamente o bem e o mal e a valorizar as relativas conseqüências, estima naturalmente a hipocrisia e a mentira quando puder tirar proveito delas. Ao decantar a sua coragem e no trabalho de defesa, descuida das regras comuns da prudência, desconhecendo o quanto disso lhe pode se tornar danoso. Representando um modo diferente do verdadeiro, pouco percebe a desordem de percepção e reprodução das idéias e a capacidade de resistir aos impulsos perversos.

Os caracteres que apontei no homem delinqüente nato repetem exatamente este quadro. Lemaire dizia: "Sei que fiz mal, se alguém me dissesse que fiz bem, diria que se trata de um canalha, mas não poderia fazer de outra forma". Lacenaire lamentava a morte dos outros como se fosse a de um gato.

13. Afetividade

É próprio dos dois tipos de criminosos o ódio, ainda que sem causa, e naturalmente ainda mais ódio, inveja e vingança quando a causa seja leve. Esses doentes, escreveu Motet, são estimulados pelo desejo de causar o mal. Incapazes de viver em família, da qual fogem por motivos fúteis ou sem motivo, preferem dormir debaixo da ponte do que na casa paterna. Um garoto de 10 anos, de olhos negros e expressão descarada, sempre avesso à escola, jogou um companheiro na água, só para vê-lo afogar-se. Era filho de um ladrão. No cárcere cortava as cobertas e nenhuma punição era suficiente para impedi-lo.

Catarina B (escreve Bonvecchiato) fala mal dos outros e se diverte com isso especialmente se a ofendem, mas também se chegam perto dela. Odeia cada um que seja bem disposto, como se estivesse fazendo desfeita a ela, ou ainda se alguém lhe fizesse algum bem. Um dia pediu para que a deixassem espancar dois cães. Por quê? perguntaram-lhe. Porque me irrita vê-los acariciar os outros!

14. Altruísmo

Verdade é não raramente, em vez de excessivo egoísmo, se nota altruísmo. Hollander conheceu uma demente moral que tentou o suicídio após a morte de uma amiga. Fala também de um rapaz que, malgrado uma vida de orgias e de violência doentia, era excelente filho e irmão.

Legrand de Saulle nos fala de uma mãe que, com pretexto de preservar o filho da sífilis ou de outro mal, encaminhava-o a amor carnal de forma racional, no dizer dela. Um paciente meu, com o pretexto de fazer seus filhos estudarem, não lhes concedia tempo para dormir, nem mesmo quando adoeceram. Quando um deles morreu, não se surpreendeu e voltou em breve a essa cruel educação.

15. Vaidade excessiva

Nisso entra ainda a meditação religiosa, que joga nas costas de Deus a própria insensibilidade e que elabora até uma lei: a excessiva vaidade, para a qual gastam e excedem a caridade, para atrair a estima pública, ou então mostrar ou simular riqueza. Esta megalomania, ou seja, a excessiva vaidade, é própria tanto nos criminosos natos como nos dementes morais. Agnoletti repetia continuamente: "É Deus que me permite sobreviver para punir os seus detratores". "Foi Deus que fez morrer um de seus adversários". É curioso até para a história da religião ver o quanto é comum atribuir a Deus os próprios impulsos, talvez por serem irresistíveis. Assim diz o delinqüente Guideau: "Eu não posso ser louco; Deus não escolhe seus operários entre os loucos".

Ao que parece, eles se julgam os representantes de Deus na terra.

Tratei de um que assinava não só cartas, mas cambiais, com falsos títulos nobiliárquicos, e se gabava de ter tido como amantes senhoras conhecidas da sociedade em que vivia e, ele próprio, forjava cartas amorosas, com bela letra de mulheres e enviadas ao endereço dele, e depois as mostrava imprudentemente a seus companheiros.

16. Inteligência

Quanto à inteligência, certamente não é tão apagada como o sentimento e o afeto. Mas, pelo vínculo que une todas as funções psíquicas, não se pode dizer que seja completamente sã. Se muitos psiquiatras estão de acordo, especialmente Pritchard, Pinel, Nicolson, Maudsley, Tomassia, em encontrar nos criminosos uma integridade perfeita, com exclusão não apenas de alucinações e ilusões, mas também de defeito e desordem, muitos outros, ao contrário, Zelle, Mac-

Ferland, Gray, por exemplo, admitem um enfraquecimento e mais outros uma irregularidade. Morel encontra neles uma atitude intelectual especial, facilidade em escrever e falar e na produção artística, superada freqüentemente por tendências paradoxais. Campagne notou na extravagância deles a falta de senso comum.

Também Krafft-Ebbing, enquanto não encontra anomalias de inteligência, confessa que eles são simples de espírito, absurdos, sem prudência na prática de crimes, mas terminam por acreditar como verdadeiros os fatos que inventam, e a atribuir a si mesmos os acontecimentos ocorridos com outras pessoas.

Eles têm, escreve Battanoli, nos dois casos, uma vasta corrente de cognições, mas são sempre sapientes meninos; escreveu, falando com graça, com brio, mas como papagaios instruídos e engenhosos. Esses caracteres contraditórios que se encontram exatamente nos criminosos derivam do fato de que nem todos os dementes morais são enquadrados num mesmo padrão, como nem mesmo todos os criminosos. Como acontece com os animais, que, quanto mais numerosos, mais se individualizam e oferecem maior e mais realçada variedade, até a dividir-se em subespécies, da mesma forma acontece com os dementes morais em relação à inteligência, ficando sempre a leviandade, a astúcia, como o caráter principal.

A diferença deriva também do fato de que tendo eles engenho vivaz desde jovem, vão entorpecendo na idade adulta e que, estando sujeitos a congestões cerebrais, devem apresentar naturalmente erros intelectuais variados. Por isso se pode recolher nos pesquisadores gradações que vão de homens de gênio (que são raríssimos entre os criminosos) até os semi-imbecis, como são grande parte dos ladrões e dos imbecis, entre os quais não hesita em colocar Grandi di Morselli, que foi condenado.

Battanoli descreve um que era verdadeiro poeta e Livi em sua tosca linguagem um verdadeiro filósofo epicurista. Averigüei que estava junto na aplicação técnica a mais alta avaliação social e aos graus mais elevados, malgrado sofresse também na juventude, de freqüentes fases de amnésia, e uma estranha tendência ao suicídio, e mais tarde fosse colhido até com erros de linguagem e de manias de perseguição. Por outro lado, tenho um caso de inteligência tão débil, a ponto de aproximar-se da imbecilidade, embora soubesse escrever bem.

17. Astúcia

Uma razão pela qual tantos são levados a acreditar que esteja intacta a inteligência do demente moral é porque todos são astutos, habilíssimos na prática dos delitos e na justificativa deles. Assim, a Caterina, de Salemi-Pace nega de imediato a tentativa de corrupção e subtraiu-se à prisão, justificando com o temor de ser agredida pelas filhas. Assim também L.M. de Capelli, tendo visto partir de uma casa uma viúva que a alugara, ocupou-a como sua, mandando a servente vender os móveis e fugiu, quando foi descoberta.

18. Preguiça

Não falta a preguiça para o trabalho nos dementes morais, em contraste com a atividade exagerada nas orgias e no mal, exatamente como nos criminosos natos. Sei de um que permanecia a semana inteira no leito, mas era capaz de estar 10 dias em bailes ou em passeios fora de casa. Outro alegava mil doenças para não trabalhar. Em geral, disse Krafft-Ebbing, faltam-lhes atividade, energia, quando não se tratar da satisfação de seus desejos imorais. Odeiam o trabalho honesto. A mendicidade e a vadiagem são a vocação deles.

19. Atividade doentia

Verdade é que Schule disse serem os dementes morais estranhamente excitáveis, com operosidade excessiva alternada com inércia e indisciplina, contínua inquietude, incontentabilidade, até haver atingido seu objetivo e se tranqüilizam. Depois retornam inquietos, ativos na profissão algumas vezes, mas como meninos na vida. Esta característica que parece contraditória mas não é totalmente, porque aparece nos primeiros períodos da virilidade e falta em muitos, encontra-se em muitos grandes criminosos, como por exemplo, Lacenaire, Gasparone, Alberti, que atingiram freqüentemente elevadas posições sociais. A atividade deles explica-se apenas no mal. Em família diz Krafft-Ebbing, a tenacidade e melancolia deles são o terror de seus pais. Na escola, o esforço deles para se fazerem expulsar é de extraordinária fineza.

Se se ocupam, logo se tornam ladrões, revéis a qualquer disciplina, como a qualquer trabalho no cárcere. Muitos são simples de espírito, freqüentemente absurdos, e negligenciam qualquer prudência nos atos. Mentirosos, mas acabam por acreditar como verdadeiro tudo que inventam. Tudo isto acontece com os ladrões menores e a uma boa parte dos demais ladrões.

20. Pretensões de diferenças

Os caracteres que, com fatigante análise, os analistas chegaram a encontrar para distinguir os dementes morais dos delinqüentes natos só conseguem confirmar a analogia. Krafft-Ebbing nota o andamento progressivo da cólera morbus nos dementes morais – e nós recordamos a assim chamada "escala do crime". Escreve Pinel que mostram na execução de atos impulsivos, imprevidência, crueldade monstruosa, cinismo, gabando-se depois do crime, sem remorso, mas, eles próprios, confessam após que esses caracteres se encontram nos verdadeiros criminosos.

Distinguem-se, diz Krafft-Ebbing, dos criminosos comuns por haver afeições cerebrais, congênitas ou adquiridas, herança de alcoolismo, epilepsia, loucura, traumas cerebrais, meningite ou atrofia senil, demência senil, alterações funcionais do sistema nervoso ou do desenvolvimento do corpo, estrabismo, pé eqüino, má conformação da genitália. São predispostos às doenças cerebrais, às congestões, intolerâncias nos alcoólatras, variedade de humor, exagero das paixões.

Schule escreve que são filhos de loucos, com freqüentes anomalias do crânio, do sexo, do paladar, da língua, expostos à irritação dos nervos, sonambulismo, confusões, loucuras periódicas, hipocondria, nas primeiras ocasiões, na puberdade, nas doenças graves. Veremos tudo isso nos réus natos.

21. Premeditação

Fala-se da premeditação, da dissimulação, da arte com que os verdadeiros criminosos se escondem enquanto dementes morais cometeriam todo malefício às claras, como se tivessem o direito de fazê-lo. Adiciona-se que não raras vezes os dementes morais, como os delinqüentes comuns preparam o álibi, premeditam o crime, cometem-no não por ímpeto inesperado, mas por vingança ou lucro, associando-se freqüentemente com seus comparsas. Nota-se que todas as confusões do manicômio nascem dos alienados, que induzem os outros aos males, enganam-nos e denunciam os superiores e são sempre inclinados às rebeliões.

Aubanel narra como um deles que odiava a família de sua mulher, sabendo que ela deveria fazer uma viagem a Paris, disfarçou-se e alugou uma carruagem que a conduzia perante a saída da odiada família, argumentando que seria servida por ela para a projetada excursão. Assim aconteceu. Ele não foi reconhecido e quando estava perto do Sena tentou derrubar a carruagem no rio; só então a família se deu conta do logro, e o doido foi enviado para o manicômio.

Em um manicômio privado de Paris, outro doido afiou um pedaço de ferro, escondeu durante quinze dias, com o qual matou a filha do diretor, gritando logo após: "Me fizeram o que quiseram; eu me vinguei". Importantíssimo é esse caso narrado por Adriani.

Um certo demente, no qual prevalecia a idéia de riqueza e valentia, e atos de violência, um dia, depois de simular completa tranqüilidade, antes de escurecer, pede para ser deixado um pouco de tempo no quarteirão antes de entrar no aposento. Aproveitou a ocasião para fazer um pacote de suas roupas e agasalhos, que deixa fora do próprio aposento. Espera que venha o guarda da ronda e diz que lá estava parado para causar-lhe medo. Avançou um passo e lhe vibrou um forte golpe com uma bacia, derrubando-o para levar as chaves e fugir. Confessou depois, com a máxima indiferença, a premeditação, e contou como naquele dia tinha acertado com outro alienado que já tentara a fuga outra vez. E lamentava-se de não ter podido praticar o homicídio.

22. Espírito de associação

Este é um fato ocorrido no manicômio de Marselha 10 anos atrás, em que dois dementes programaram matar os serventes, apossar-se das chaves e fugirem. Esse fato bastaria para mostrar a possibilidade que não só os dementes morais, mas também os dementes comuns se acertam entre eles, e conspiram como os encarcerados, e nos revelam ainda quanta tenacidade vingativa repousa neles, tanto quanto nos delinqüentes.

Nenhum dos autores citados notou um fato que encontrei nos delinqüentes com freqüência, como exatamente no maior número de criminosos: o desejo de viver no seio da sociedade que eles freqüentam, embora detestem, principalmente sociedade de homens da mesma súcia. Recordamo-nos de um certo Roso, que estrangulou sem causa uma neta, depois por vingança, matou no meu manicômio um alienado. Mas, não podia viver isolado. Assim que o coloquei numa cela, ameaçou e depois tentou estrangular-se, e teria perpetrado o suicídio, se não o tivesse colocado no meio de um grupo, ao qual era hostil, mas do qual não se podia afastar.

23. Vaidade do delito

Também a vaidade do delito, ou melhor, o estranho desejo de eternizá-lo nas anotações, temos notado com muitas provas, que revelam especial tendência dos criminosos. Foi possível observá-la pelo estudo acurado de alguns casos em que o diagnóstico da demência moral era indiscutível. Ao revés, examinados nos réus comuns, os casos servem para dar indício freqüente, e algumas vezes, uma explicação do crime. Assim, um demente moral, depois de ter tomado todas as precauções para esconder o fratricídio e o parricídio, redigia essas linhas secretamente:

— "Qual é o destino de minha mãe, e que morte deverá ter? Se conseguirei eliminá-la com arsênico; se não, de que modo e quando?

— Em que ano morrerá, e de doença, não se sabendo? Conseguirei matá-la; e de que modo, ou não conseguirei!

– O meu destino, qual será?"

Essas perguntas denunciaram-no pelo crime e demonstraram a necessidade de falar do próprio delito e deixar uma lembrança dele por escrito. Como bem advertem Tamburini e Seppilli, o que dizer daquele demente citado por Maudsley, que, assim que matou uma menina, lavou as mãos, e escreveu no seu diário: "Morta, uma menina era boa e quente".

24. Simulação

Até a freqüência da simulação de demência, que encontramos muitas vezes nos criminosos, encontra-se anotada em algumas observações diligentes.

25. Sintomatologia da demência moral nas outras

A objeção, que muitas doenças mentais têm em seu sistema de tendências próprias da demência moral, não traz qualquer prejuízo à existência dela, como os casos de índole sifilítica, saturnina, histérica não trazem à existência da paralisia, da epilepsia, da demência.

26. Histologia patológica da demência moral

Nos três casos de demência moral, em que se fez autópsia, foram encontradas meningite e apoplexia avançadas nos vasos. Faltam-nos estudos avançados sobre este assunto. Mas, uma vez reconhecida a analogia com outras neuropatologias, socorrem-nos as preciosas observações de Arndt de que "muitas células ganglionares são nos neuróticos em estado de desenvolvimento inferiores como nos répteis, na salamandra.

Em alguns o "cilinder axis" se apresenta mais sutil ou coberto de grânulos sem suficiente isolamento com respeito às partes que o circundam, para os quais a excitação mais facilmente se irradia; falta realmente em parte destes, algumas vezes, e é substituída pela acumulação de células protoplasmática.

27. A hereditariedade na demência moral

A prova mais segura é no desenvolvimento, na origem da doença. Tanto do delinqüente nato como o demente moral datam quase sempre da infância e da puberdade. Livi escreveu: "os dementes morais nascem plasmados naturalmente para o mal". Savage distingue, como Mendel e Krafft-Ebbing, uma forma de demência moral primária, que se manifesta freqüentemente dos 5 aos 11 anos, com o furto, caráter excêntrico, com aversão aos costumes familiares, agitabilidade, incapacidade de educação, crueldade e cinismo extraordinário, sexualidade precoce devido à qual são masturbadores desde o início da vida.

Recordo-me de dois que na idade de 4 anos começaram a ser o desespero dos próprios pais, com furtos, mentiras, ódio à mãe, aos irmãos, e um no comércio e outro na aritmética tinham singular habilidade. Todi conta a história de uma menina que picava os olhos dos cavalos e dos cães de sua casa, e tornou-se mãe e mulher desnaturada. Depois se revelou uma demente moral. Assim também aconteceu com um rapaz que arrancava a língua dos pássaros. Constatamos exatamente como os delinqüentes natos apresentam as tendências imorais muito precoces. A continuação da primeira idade, que é a mais clara explicação, nos dá a chave de sua difusão, visto que no fundo é uma continuação, seja por causa patológica, seja por um estado fisiológico.

Algumas vezes há o recrudescimento na puberdade. Escrevem Todi e Legrand de Saulle que semelhantes casos parece que na infância são dotados de extraordinário gênio artístico e apego aos estudos, mas quando vem a puberdade fazem-se a princípio tímidos e após se entregam aos vícios com energia que antes aplicavam aos estudos. Procuram com altos ganhos compensar a humilhação da glória perdida, e impacientes do êxito, um pouco fechados no raciocínio, executam cinicamente qualquer obra maldosa. Em outros termos, a puberdade só, sem outra, foi a causa das tendências imorais.

Recordemos, a propósito, o caso de Verzeni, Lemaire e outros, em que nenhuma outra causa a não ser esta, a de que estamos falando, explica a tendência estranhamente perversa. Também involução da idade senil e a decadência da atividade genital podem indicar, provocar de repente, o recrudescimento desta tendência e dar uma explicação, como era o caso de Garrayo, a princípio virtuoso e honestíssimo e após os 40 anos um assassino, estuprador de nove mulheres, ou melhor, um necromaníaco.

A hereditariedade, a descendência de dementes, encontra-se também neles, mas exatamente como veremos nos delinqüentes natos, em proporção menor do que nos comuns, enquanto é em maior proporção a cifra dos pais egoístas, viciosos e criminosos. Vê-se que a influência hereditária da demência não é tão grande quanto a do vício e da criminalidade – exatamente como nos criminosos – e recordarei sobretudo o tipo mais clássico de demência moral, que tinha avô homicida por ciúme, tio incendiário e pai estuprador e que matou uma mulher para testar um fuzil.

Recordamos a demente moral, citada por Salemi-Pace, com mãe adúltera e pai criminoso; Catarina, citada por Bonvecchiato, com pai beberrão; F.A., de G.B. Verga, com pai de caráter grosseiro, irmão pederasta, um outro ladrão, um outro epiléptico e irmã imbecil; a Maria, de Cantarano, com irmão vagabundo e dois pacientes meus que tiveram mãe obscena e pai beberrão.

É precisamente esta expressão um pouco menor que encontramos nos delinqüentes cuja hereditariedade da demência não ultrapassa a 22%, enquanto nos dementes comuns vai além de 50%, se bem que seja maior talvez nos grandes culpados, como Faella, Alberti, etc. É esta mesma proporção menor que a que Sommer verificou nos dementes criminosos em confronto com os outros.

Enquanto os dementes comuns têm 30% de hereditariedade, os dementes criminosos têm 22%, mas nestes a hereditariedade é mais realçada, nos vários ramos colaterais, e mais nos casos com avô, pai, tio dementes e todos os irmãos neuróticos, outros com avô, mãe e irmãs dementes, o pai beberrão, três irmãs dementes.

A influência direta dos alcoólatras é notada por Campagne seis vezes, e três juntos com doentes venéreos. Nós já a encontramos e melhor a encontraremos no delito.

Krafft-Ebbing falava dos afetados pela meningite, traumas na cabeça, como causa da demência moral, e nós veremos como o sejam de tendência ao delito, como por exemplo, o furto, indicado por Acrell, Morel, Gall, e que recordamos a freqüência do trauma na cabeça dos delinqüentes; 7% segundo minha pesquisa, e os 21 em 58 de Del Bruck, os 3 em 28 casos de Flechs. Narrei a história de um ladrão depois de um trauma na cabeça. Ainda recentemente, Arduin notou uma fratura no crânio em um que encontrou entre 19 assassinos.

Importantíssima sobre todas é a cota, escassa é verdade, mas provada com certeza, de dementes morais, que surgiram de uma educação maldosa. Holandêr e Savage fazem notar a freqüência de estado mórbido naqueles que por demasiada bondade ou negligência dos pais não contaram com os freios na infância, nem se habituaram àqueles limites que a lei impõe e pelos quais um homem se forma moralmente. Acontece igualmente em alguns delinqüentes, especialmente nos países selvagens e pouco civilizados, como é o costume da vingança.

Tive, em longo tratamento, um jovem que confirma essa observação. Filho de pai alcoólatra, de mãe erótica e com tendência suicida, muito estranho, com avô suicida, irmãos honestíssimos, era ele o predileto dos pais e mormente de uma camareira que o protegia encontrando sempre uma desculpa às malvadezas dele. Encaminhou-se ao furto desde a infância. Com três anos, indo ao mercado, apropriava-se de peixes, frutas, cestas de dinheiro. Quando cresceu, gastava em guloseimas o quanto conseguia furtar da mãe ou da camareira, que não faziam caso. Na escola apoderava-se dos objetos dos companheiros.

Isto se compreende do quanto vimos no início, sobre as tendências criminosas dos meninos que apresentam fisiologicamente um estado similar à demência moral, de modo que quando não encontram circunstâncias favoráveis à transformação normal em homem honesto, essas tendências perduram.

Este estado patológico se faz com o tempo costumeiro, em suma, também quando o indivíduo não teria tendências especiais ao delito, quando não seria um homem como todos os outros, mas, mais facilmente o atinge a influência hereditária. Isto explica os casos de criminosos aparentemente natos como tais e sem anomalias de crânio ou das faces.

Assim se explicam essas demências morais dos déspotas, seja do trono, como a grande parte dos Césares, seja do poder, como Marat, seja como os tiranos da república hispano-americana, os quais, de tranqüilos e até humanos que eram a princípio, ante o contato com o poder ilimitado, com ou sem influência hereditária, tornaram-se cruéis, mesmo sem vantagem própria, mas por puro capricho.

Importantíssimos são os casos notados por Vergílio, 2 vezes em 14 e por Campagne, 7 vezes em 15, e um notado por Salemi-Pace, um por Todi, em que a demência moral se encontra seguida de infelicidade profunda ou de vivas impressões psicológicas. Assim, Todi conta o caso de uma boa empregada que tendo perdido uma menina, foi tomada de demência moral com tendência a desenterrar os cadáveres das crianças.

A parada do desenvolvimento dos centros psíquicos foi provocada, como acontece a algumas doenças mentais, por causas psíquicas em vez de físicas, mas os efeitos são os mesmos. Evidentemente, a demência moral se vai concatenando com um grupo de criminosos, também esses sem grandes anomalias: ou por paixão ou por ocasião.

17. FORÇA IRRESISTÍVEL NO ÍNTIMO DOS DEMENTES MORAIS

*1. Força irresistível – 2. Força irresistível nos criminosos.
Confissões – 3. Outros exemplos de criminosos
4. Livre-arbítrio*

1. Força irresistível

Desta pervertida afetividade, deste ódio excessivo e sem causa, desta falta ou insuficiência de freios, desta tendência hereditária múltipla deriva a irresistibilidade dos atos dos dementes morais. Schule escreveu que eles têm um fundo de irritabilidade pronta para explodir como um vulcão. Não podem dirigir à sua vontade os impulsos do ciúme, da sensualidade, sem poder resistir a eles. São ingratos, impacientes, vaidosos, desde seus atos mais maldosos. Pinel fala de um demente moral que, mal educado, se habituou aos últimos excessos; os cavalos que não lhe servem, os mata; quem se opõe na política é por ele espancado; se uma senhora lhe responde joga-a no poço.

Os motivos mais fúteis, disse Taburini a respeito de um demente moral, quando forem obstáculos para a consecução de suas ambições, bastam para fazê-lo explodir em acessos de cólera, dos quais não há mais freio. Como nos meninos nos quais não há proporção entre a reação e o motivo que os provoca. Assim, as mais leves causas de ódio contra alguém fazem nascer neles impulsos irresistíveis de matar seu desafeto. Basta lhe vir aos lábios uma fórmula de insulto, sente-se levado a repeti-la centenas de vezes.

Em ambos, escreve o padre Battanoli, falando de seus dois dementes morais, revela-se um esforço para refrear e a impotência para conseguir controlá-los. Faltam a eles previdência e prudência. Os conselhos, as advertências, os castigos tornam-se inúteis a eles.

Você observou o Francisco? Todas as peripécias passadas, todas as dificuldades encontradas para sair, seis anos de reclusão, os conselhos e as orações dados antes da partida, as promessas, os protestos que lhe fizeram, valeram para quê? No mesmo dia em que saiu do manicômio, foi reclamar e comprar briga por um bordão de nenhum valor. E onde? No mesmo hospital do qual foi enviado a São Sérvulo.

De tudo isso se entende que se a forma impulsiva não é peculiar só aos dementes morais, o certo é que não se pode dizer que ela falta a eles. É natural porque os miolos são predispostos por má nutrição desde o nascimento, e depois neles se radica e cresce uma daquelas mil tendências mórbidas que se manifestam em quase todos nós numa hora má do dia, especialmente na infância e se desgastam nas boas têmperas e sob uma boa educação. Ao contrário, permanecem quando são favorecidas pelo organismo e pelo abandono, ou explodem necessariamente em indivíduos, que calam todos os sentimentos altruístas. São vivos e egoístas, em que não há outra força que determine ação diferente. Neles, todos os motivos impelem ao mal e nenhum ao bem.

Depois, a uma série repetida desses acessos, ajunta-se o hábito do próprio ato. Assim é que na aparência, falta a proporcionalidade entre a causa e o efeito e há ações que à primeira vista não parecem depender de um motivo. Eis aqui explicadas aquelas estranhas tendências obscenas, paradoxais, que vimos surgir na infância em indivíduos predispostos pela hereditariedade, tendência que, ainda que à primeira vista isoladas e sem lesões de outras funções afetivas não poderiam constituir-se sem um substrato de sensibilidade pervertida.

Também aqui se encontra, então, como nos outros dementes morais uma hereditariedade em larga escala de alienações e de vícios, uma precocidade sexual acima da média, que predispunha o organismo no primeiro acidente à germinação da idéia fixa que apenas o caso determina, ou se, ao contrário, criminosa, monstruosa, como a de Verzeni, Legier, etc. A analogia é tanto mais clara desde que muitos deles, por exemplo, a garota masturbadora, referida por Esquirol, já tinha impulsos obscenos junto com os criminosos, como o furto.

Os erros da afetividade não se revelam porque estão no meio da penumbra da enormidade dos fatos impulsivos, que, crescendo de forma desproporcional à causa, fazem esquecer o germe de que se originam ou porque realmente se concentram só em uma dada direção, aparecendo normal em outra.

Assim, com o Verzeni e com a Saccamantecas toda a perda da afetividade se manifesta por períodos, e no bárbaro modo de estrangulamento feminil, mas a apatia que mostraram após o delito, pelos pais, pela vítima, e pelo próprio suplício, mostra que a afetividade era levada fora das tendências especiais que os impeliram ao crime.

Não é, em suma, a não ser questão de grau, questão de acidente de direção a uma dada corrente, antes que em outra direção, mas o fundo é sempre neurológico; é sempre uma parada do desenvolvimento de algumas faculdades que permanecem no estado infantil; e, como na infância, se transformam sutilmente em ação, sem que se ponha um freio do raciocínio e a previdência de possíveis desgraças e o horror do ofendido senso moral.

2. Força irresistível dos criminosos. Confissões

Como tudo isso se encontra exatamente nos criminosos, já mostrei com as estatísticas na mão e com a observação de outros; e melhor teria podido, só recolhendo as confissões deles. Assim me disse um ladrão: "Nós temos o furto no sangue; se vejo uma agulha não posso fazer de menos de pegá-la, ainda que depois esteja disposto a restituí-la". O gatuno Bruno me disse que tendo roubado desde os doze anos pela estrada, roubado no colégio, estava na impossibilidade de abster-se do furto, ainda que estivesse com o bolso cheio. Se não, era difícil dormir e à meia-noite é constrangido a roubar o primeiro objeto que lhe venha à mão.

Deham confessava a Lauvergne uma paixão irresistível pelo furto. Dizia: "Não mais roubar seria para mim como não mais viver. O furto é uma paixão que arde como o amor, e quando o sangue me sobe à cabeça e me vai aos dedos, creio que roubaria a mim mesmo, se pudesse".

3. Outros exemplos de criminosos

Há uma parte dos delinqüentes nos quais o processo do ato criminoso assume, absolutamente, a forma e a tenacidade da mania impulsiva. Vão adiante alguns exemplos. Ponticelli observou o ato de um ladrão tísico, na agonia, surrupiar um chinelo do vizinho e escondê-lo no leito.

Na casa de detenção de Milão, há poucos meses foi morto um carcereiro tão dócil que não era odiado por nenhum dos seus encarcerados. Interrogado o homicida sobre o móvel de seu delito, disse que não tinha ódio contra sua vítima, mas que sentia necessidade de matar alguém, e teria também matado o diretor do presídio se o tivesse encontrado. Era um assaltante comum, filho de um malfeitor.

Feliciani encontrou pelo caminho um delegado com quem não tivera qualquer contato; perguntou-lhe o nome e ouviu que se chamava Bianchi, ao que Feliciani lhe gritou: "Te dou os negros"! (Bianchi em italiano é "brancos"); só por esta coincidência o apunhalou.

Na ótima *Revista das Disciplinas Carcerárias* encontramos esta curiosa confissão de um tal Visconti, condenado já vinte vezes por furto: "Sei que me qualificam como um ladrão esperto, mas eu sou apenas um ladrão desesperado, a quem falta a coragem de tirar a vida. Em 1861 comecei com estelionato, e daí para diante. À medida que aumentava a condenação, tornava-me sempre mais difícil encontrar trabalho. Comecei a beber e embriagar-me. Bebendo, me sentia aliviado e não me curava mais de minhas infelicidades. Caminhava para a aventura olhando à direita e à esquerda e quando alguma coisa surgia no meu caminho, roubava e sem olhar, porque queria ser preso. E fui. Se não fosse preso, teria continuado a roubar e roubarei de novo se for livre. No momento em que roubo, experimento um grande prazer, mas um prazer que passa antes de deixar lugar a uma nova agitação. O apetite me falta, não durmo mais; volto a beber e eis-me em alerta para roubar. Sinto que agora não poderei deixar esse maldito vício; creio que se fosse rico e bebesse algum dia, mais por desejo roubaria igualmente. Neste caso porém restituirei ao prejudicado o que lhe tiver tomado."

E adianta: "Creio assim que a Justiça me faria um favor se me deixasse para sempre no cárcere em que me encontro, dando-me uma ocupação qualquer. Não havendo mais honra, na prisão estaria melhor do que no seio da comunidade. O sustento que me dão é um pouco escasso, mas o acho ótimo. As duas cobertas e o colchão de palha me garantem um sono tranqüilo. A solidão me agrada. Tendo o coração fechado aos afetos, nada mais anseio do que o repouso".

Alguma coisa pode distinguir o estado de ânimo desses indivíduos, que são verdadeiros criminosos, do estado de ânimo dos dementes morais, atacado de tendências instintivas irrefreáveis?

Piero tinha o capricho de roubar todos os ornamentos das sepulturas, até lápides que superavam suas forças. Espalhava os objetos roubados junto aos amigos. Era o primeiro a pôr os outros sobre as pistas do próprio furto. E ninguém o julgava um alienado.

Don Vicente de Aragona, após a abolição das corporações, montou uma livraria. Vendia livros pouco preciosos, mas não se desfazia dos raros. Em um leilão judiciário, um certo Pastot pôde, superando-o na oferta, comprar um livro que era caríssimo. Poucos dias depois, Pastot e sua casa estavam em chamas. Dali a alguns meses, oito cadáveres foram encontrados na rua; eram estudantes abonados e tinham dinheiro no bolso. Don Vicente foi preso; declarou que seus livros prediletos não poderiam ficar dispersos, mas recolhidos na Biblioteca de Barcelona. Confessou ter sido induzido por Pastot para levar-lhe um livro e exportá-lo, e tê-lo estrangulado e posto fogo na casa dele. Num outro dia, um comprador quis adquirir uma primeira edição das mais preciosas; ele procurou dissuadi-lo, mas o outro insistiu e pagou o quanto foi pedido. Arrependeu-se de repente e foi atrás do comprador para que lhe devolvesse o livro mas este recusou; matou-o após lhe dar a absolvição "in extremis".

Assim aconteceu com os outros seis, mas por boa intenção. Ele queria enriquecer a ciência, conservando-lhe tesouros. Se eu fiz mal, façam de mim o que quiserem, mas não dividam os meus livros. Não é justo puni-los por mim. E ao presidente que lhe perguntou como pôde atentar contra criaturas de Deus: "Os homens são mortais; os livros precisam ser conservados pois são a glória de Deus". E não lamentou sua condenação à morte; só lamentou saber que o exemplar que ele acreditava ser único não o era (Despine).

Em Estrasburgo, foram encontrados assassinados dois indivíduos, sem que se soubesse a razão; preso poucos anos depois o abade Trenk, confessou tê-los matado só pelo prazer de vê-los morrer. Quando era rapaz tinha levado dois meninos ao bosque; enforcou-os e os queimou. Foi condenado (Gall).

Todos esses indivíduos aqui referidos foram condenados, mas quem não vê nesses casos que o delito se confundia como forma impulsiva dos dementes morais?

4. Livre-arbítrio

Nas pessoas sãs é livre a vontade, como diz a metafísica, mas os atos são determinados por motivos que contrastam com o bem-estar social. Quando surgem, são mais ou menos freados por outros motivos, como o prazer do louvor, o temor da sanção, da infâmia, da Igreja, ou da hereditariedade, ou de prudentes hábitos impostos por uma ginástica mental continuada, motivo que não valem mais nos dementes morais ou nos delinqüentes natos, que logo caem na reincidência.

Leitura recomendada: Ícone Editora   (11) 3392-7771

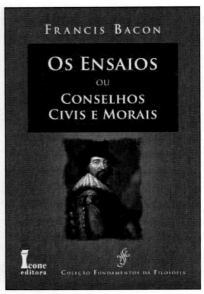

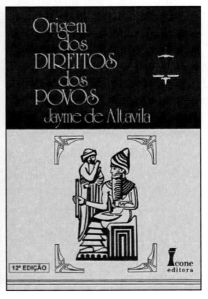

Conheça mais sobre o nosso catálogo em www.iconeeditora.com.br